鱼爸／著

和孩子一起成长，
是最好的教养

The Best Parenting
Is Being
Good Company

天津出版传媒集团

天津人民出版社

图书在版编目（CIP）数据

和孩子一起成长，是最好的教养 / 鱼爸著. -- 天津：
天津人民出版社，2017.12（2018.12重印）
ISBN 978-7-201-12584-8

Ⅰ.①和… Ⅱ.①鱼… Ⅲ.①家庭教育
Ⅳ.①G78

中国版本图书馆CIP数据核字（2017）第284568号

和孩子一起成长，是最好的教养
HE HAIZI YIQI CHENGZHANG，SHI ZUIHAO DE JIAOYANG

出　　版	天津人民出版社
出 版 人	刘　庆
地　　址	天津市和平区西康路35号康岳大厦
邮政编码	300051
邮购电话	（022）23332469
网　　址	http://www.tjrmcbs.com
电子邮箱	tjrmcbs@126.com

责任编辑	王昊静
策划编辑	姜舒文
装帧设计	胡椒书衣

制版印刷	三河市春园印刷有限公司
经　　销	新华书店
开　　本	710×1000毫米　1/16
印　　张	15
字　　数	220千字
版次印次	2017年12月第1版　2018年12月第2次印刷
定　　价	39.80元

　　原本并没有出书的打算，也从未想过能够出版一本育儿的书。我所有的文章都发表在一个叫"养育男孩"的公众号上。两年写下来也写了几百篇文章，每一篇都是我在育儿过程中的感悟。有好几次，后台的读者留言说要我把文章汇编一下，出一本书，这样大家能更久地保留。那时候我也有了这个念头。

　　后来有一个读者发了一张照片给我，是一叠很厚的打印文稿。她说把我每天发的文章都打印了出来，然后跟老公一起看。这让我非常感动。

　　如今，资讯发达，各种育儿专家的育儿理论让人无所适从。但能讲出来和能做到真的是有很大的差距。我知道有一些育儿专家把大量精力花在备课件上，他们在台上给大家讲述家庭教育的方法，令人啧啧称赞，生活中也许并不是一个称职的父母，甚至还经常数落自己的孩子。见识了太多这样的事情，以至于很多人邀请我去做讲座给大家分享时，我都非常谨慎，我要求自己说的，尽量避免专家式的指导，它们都是从我自己养育孩子的过程中得来的。在这嘈杂的世界，我愿做一个安静的守望者、思考者、写作者。

　　面对同一个问题，每个父母都有自己的看法，我在文章中所表达的观点，只是从为人父母的角度来思考的一家之言，目的是给读者一些启发，而不是指导。

我想这可能也是更多人喜欢阅读这些文章的原因吧。

我觉得自己离心目中理想的父亲还有不小的差距，所以我还需要多读书、多思考。育儿的过程，实际上就是父母成长的过程。每个人都能成为父母，但不是每个人都能胜任这一职位。我们总是能发现孩子的诸多问题，却很少认识到这些问题大部分都源自父母。家庭教育不是要教育孩子，而是父母与孩子的共同成长。

育儿之路艰辛而快乐。一千个孩子会有一千个不同的问题，育儿就是解决这些问题的过程。优秀的孩子背后往往都有着优秀的父母，这些父母能够及时地发现问题，并掌握了如何化解这些问题的方法。在陪伴孩子的过程中，完成了自我的提升，而这样的提升也为孩子的成长打开了更广阔的空间。

我知道很多人现在都在阅读碎片化信息，对于纸质书阅读已经没有了往日的那种神圣感，真正能坚持读书的人也越来越少。但我想无论时代如何发展，读书这件事永远不会过时，而且永远是一件顶重要的事，尤其是对于孩子。爱阅读的孩子，他的世界更多彩，他的思想更深邃，他的内心一定也会更强大。所以在这本书中，我用了一章来谈孩子阅读的问题。这些内容都是我在陪孩子阅读过程中的思考和感悟，谈不上方法，希望能给大家一些启发和借鉴。

人生最美妙的体验，就是把时光浪费在美好的事情上，如果你认为读书就是这样一件美好的事，我想我们一定会心有戚戚焉。倘若这本书中又碰巧有那么一两篇文章触动了你，我想这一切都值了！

我是鱼爸

2017 年 11 月 7 日

目 录 🌼

第 一 篇

爱与规矩，让孩子成为受欢迎的人

第 二 篇

其实你不懂孩子的心

第 三 篇

和孩子一起成长，是最好的教养

第 四 篇

阅读，藏着孩子的未来

第一篇

爱与规矩，
让孩子成为受欢迎的人

我要给妈妈留点儿

❶

有一天，一大早我就带儿子去菜市场，买了他喜欢吃的鳝鱼。因为就我俩吃饭，所以没有准备多少。中午的时候，我施展厨艺，炒了一盘香喷喷的菜。

儿子很兴奋，小脸凑过来闻了又闻，就像一只小馋猫。要知道吃可是他除了阅读之外最爱的事了。

我问他好吃不？

"好吃，真好吃。"

"好吃的话，那我们就吃光吧，不要剩菜。"

"爸爸，这么好吃，给妈妈留点儿……"

听到这话，我当时心里暖暖的，跟他说："妈妈上班了，这菜留到晚上也不好吃了。爸爸明天再去买，做给妈妈吃。"

"好的，爸爸，以后有好吃的菜就放在晚上做，不要中午做。"

"为什么？"

"因为妈妈晚上才回来吃饭，给妈妈留着，一起吃。"

好吧，我已经被这个小暖男打动了，还打趣地说："难道我俩中午就随便吃，不能吃好吃的啊！"他不理我了，忙着吃饭。

我心甚喜，因为这是真正的爱的教育。教育的一个重要责任就是让孩子拥有爱。

2

我们常常谈到该如何教育孩子，也听到很多理论，各路专家也是各持己见，弄得父母们无所适从。

有一个妈妈说："现在的孩子不知感恩，那些所谓的教育方法有什么用？你看看，现在有几个孩子会感恩？"我觉得感恩是最不应该用来谈及的，它是一种从一颗充满爱的心里自然而然萌发出来的感情。所以谈到感恩教育，我觉得爱的自然传递更温暖可行。

我们经常见到这一幕：

不少学校会请一个专家来讲座，唤起孩子们的感恩之心，让孩子下跪，拜父母恩。然后学校会布置作业让孩子回家给父母洗脚，感怀养育之恩。这样的感恩教育效果如何，我不得而知。我想，大概还不如父母言行举止，对孩子的熏陶来得实际吧。

如果你爱妻子丈夫，孩子会感受到爱。

如果你爱父母老人，孩子也会感受到。

如果你善待他人，孩子必然也能感受到。

每次家里来客人或者与朋友亲人作别，我都会嘱咐其路上小心，回到住处记得给我信息。长此以往，也让儿子受了影响。每次妈妈下楼，他必定会追至门口，叮嘱妈妈路上开车要小心。就算我出门去拿快递，他也要嘱咐我小心一点儿。

❸

孩子有爱人之心，父母之幸。前几日，也是在家里做饭。用压力锅煲了猪肚墨鱼。儿子见我老早就琢磨怎么做，又在厨房忙活半日，也起了兴趣在旁边观看。

他很喜欢看我做菜。说以后他长大一点儿就能给我做饭吃了。所以就由他搬来凳子站在厨房门口观摩学习。当我将锅放在灶台之上，告诉他美味即将享用时，小家伙口水直流，满怀期待。

然后我去房间接了一个电话，接着查起了资料，把厨房的事全忘了。儿子就在客厅玩他的积木。

突然我闻到一股烧煳的气味，才猛然想起炉子还在烧着。我冲到厨房一看，压力锅正喷着黑烟。我赶紧关了火，但菜已经全部烧焦了。儿子跑过来看到此景，急得要哭，说要吃要吃。

我也无法子，真是太可惜了。就跟儿子说："爸爸太伤心了，心都碎了。"

没想到他看到我难受的样子，倒是安慰起我来。跟我说："爸爸，我把我的心换给你吧。"

"为什么呢？"我有点儿吃惊。

"因为你说你的心碎了，但我的心没碎，所以把我的换给你，你就好了。"

"但是你自己呢，你怎么办？"

"没事啊！因为我有超级魔法呀！"

听到儿子这么贴心的话，我的坏心情一下子就消失了。

"人之初，性本善"，真是如此。

我们为人父母能做的不就是要帮孩子守住此心吗，而且越久越好呀！

④

曾经读过一个名为《救小鱼的小男孩》的故事，让我印象深刻。

在暴风雨后的一个早晨，一位男士在海边散步，注意到沙滩的浅水洼里，有许多被昨夜的暴风雨卷上岸来的小鱼。

被困的小鱼有几百条，甚至几千条，尽管近在海边，然而用不了多久，浅水洼里的水就会被沙粒吸干，被太阳蒸干，小鱼就会干涸而死。

这位男士突然发现海边有一个小男孩不停地从浅水洼里捡起小鱼，扔回大海。

男士禁不住走过去问道："孩子，这水洼里有几百几千条小鱼，你是救不过来的。"

"我知道。"小男孩头也不回地回答。

"哦？那你为什么还在扔？谁在乎呢？"

"这条小鱼在乎！这条小鱼也在乎！还有这条小鱼！"男孩儿一边回答，一边捡起一条又一条鱼扔回大海。

泰戈尔曾说："教育的目的应当是向人传送生命的气息。"可是我们太多的教育目的并不在此，反而在于提升孩子的成绩，让孩子能够博取最大的利益。有的父母甚至还有养儿防老的想法，只为将来有个好的回报。惶惶间，我们早已忘记养育孩子为了什么，也忘了应当给予他什么。

其实，真诚而温暖的爱，善良而有爱的心，才是我们应该给孩子的。

家庭教育是基础教育，孩子往往在这儿尝试很多人生的第一次，是谓人生的第一堂课。

好的父母，会从教会孩子尊重生命开始。比如一草一木，一花一鸟。当你常常告诫他爱护花草，他便能感受生命的神奇和脆弱，能从心底生出怜爱之情，也能更好地与这个世界相处。这样的孩子内心充盈，将来更能境界开阔。

德国著名哲学家雅斯贝尔斯说："教育的本质意味着，一棵树摇动另一棵树，一朵云推动另一朵云，一个灵魂唤醒另一个灵魂。"教育是人的灵魂的教育，而非单纯的知识堆积，每一位父母都应当拥有这种摇动和唤醒的力量。

你不教育孩子，这个世界会狠狠教育他

这几年，我们开始更多地谈论教养，因为我们发现经济上去了，钱包鼓了，但是教养没上去，所以才有中国游客在国外的各种丑闻。而国内各种缺乏教养的情况更是比比皆是。

俞敏洪说："教养是什么？教养就是当你走到一群人中间，你的行为恰当得体，让人感到礼貌和愉悦。"

我自己之前对教养也没有过多地在意，我自己的原则是尽量不打扰他人，不给他人造成麻烦。而有了孩子之后，我开始更加注意这个问题，因为我希望他成为一个有教养的人，而不是一个让人讨厌的人。

孩子就像一面镜子，能够照出父母的诸多不足。没有哪个孩子天生懂得规矩，父母需要的是管好自己的同时也教会孩子。

有一次我带孩子出去吃饭，他和几个玩伴在一起，玩得兴奋，嗓门就渐渐大了起来。我马上把他牵回来，跟他说，这是大家吃饭的地方，不能大叫。但是过了一会儿几个人就爬到隔壁桌边上的沙发座位的靠背上去了，这时我又去把他们叫回来，告诉他们不要打扰其他客人用餐，应该坐在自己的凳子上，否则我会动用终极处罚手段了（一个人去外边门口站着反思，需要的话我可以陪你，因为我没有教育好你）。

对一个3岁多的孩子来说，是很难控制情绪和行为的，但是父母一样要管教好他们，当然不是在公共场合打骂孩子一顿，那样只会显得父母更没有教养。父母应该给孩子树立一个榜样，然后温和地告诉他该怎么做。

当然有的父母会说孩子太淘气，不听管教。那就要反省一下自己是否对孩子的规矩和自律教育存在问题。

当孩子犯了错或者惹了麻烦，我见过最多的借口就是"孩子还小，没事！"所以就有两三岁的孩子在我家仓库边上的墙上尿尿。我不能责备啊！因为孩子妈妈说孩子还小，不懂事啊！

但是这个社会可不会这样容忍他的不懂事，所以我们会看到新闻上说，孩子用石头划停在路边的车，孩子妈熟视无睹，以致生气的车主直接把孩子踢飞。

当孩子惹祸的时候，马上就用孩子还小来回应，这是对孩子的成长不负责的行为。要知道，你不教育孩子，总有人会狠狠教育他的。

看到过一个母亲在网上发帖说：在餐厅吃饭，就因为儿子稍微调皮了一点儿就被打了一耳光！气得她一想起来就浑身发抖。原来，这位母亲带儿子去附近的餐厅吃饭，她儿子几次去骚扰吃螃蟹的邻桌，最后因为跑到隔壁桌上去抓螃蟹，被别人把手甩开后，动手打了这桌的人，结果被回打了。

这个母亲愤愤不平的点大概就是我孩子小，调皮点儿很正常，你怎么能和他一般见识？可是不及时管束好自己的孩子，又是谁的问题呢？

我记得小小鱼两岁多的时候，有一次在高铁上。他因为太兴奋了，要跟我玩游戏，每次玩赢了就哈哈大笑。前排的一个小哥哥因为要睡觉，无法忍受，于是对我说："管好你的孩子！这不是你家里。"

当时我跟孩子妈妈面面相觑，赶紧道歉。拿出绘本，帮孩子换一个安静模式，给他讲故事。此后带孩子出门我就更加注意了，尽可能不让孩子去打扰到别人。

孩子再小，总是要长大的。如果父母现在不好好地教育孩子，犯了错还期待大家的原谅，那么，当有一天他走出学校，走上社会的时候，就会有人替你教育他。

我一直希望孩子明白：这个世界不是由你说了算，也不会因为你的任性而自动让道，成长是一件需要认真对待的事，你必须对自己负责，也要尊重身边

的每一个人。

我希望孩子记住：爸爸妈妈永远爱你，但是外面的世界很残酷，你必须主动成为一个有教养的人，才不会一次又一次地被这个社会狠狠地教育。

别让孩子成为一个不受欢迎的人

有一次，我带儿子去书店看书。那是靠近电影院的一家小书店，书的品种不多，看的人也少。儿子刚刚进去，非常兴奋，大声跟我说："爸爸，这里的书跟我们家一样多啊！"我赶紧示意他声音小一点儿，不能打扰了别人。

小家伙赶紧压低了声音。

这时另外一个3岁多的孩子在书架前大声地喊："妈妈，妈妈"。应该是他想要拿架子上的一本书，但是拿不到。

我刚打算帮他时，突然发现他边上一个八九岁的男孩走了过去，狠狠地说："不要吵，这里不是吵的地方。"然后拿着一本书走到了另外一边，边走边骂着那个打扰他的小孩。

我看见他冷漠地坐下，心头不禁一怔，这个孩子是爱阅读的，但是他还是没有学会如何去爱人。

小孩子对这些规矩的习得，当然需要父母的教养和引导。万万不可这般鄙夷、计较成长中的小孩。

我想这个孩子今天在书店里这样对待一个小弟弟，在学校或者生活中，应该也缺少一份宽容和爱，也会这样对待身边的同学、朋友吧。孩子，我想对你说，哪怕你的学习再优秀，你就读的学校再好，在人与人交往的世界里，你还是首先得学会如何与人相处。

其实生活中有些大人不也是如此吗？他们仗着自己有点儿经验或者背景，就趾高气扬不可一世。

周六的时候，我去建材市场买了一套新的柜门，接待我们的女导购员胖胖的，肤色有点儿黑。但是她业务非常熟练，对产品的介绍及专业水准都让我们满意。

几乎敲定方案，谈到上门量尺设计时，差点儿让我们愤然而去。当时已经很晚了，他们店里有三个设计师还在那儿作图，有一个不时地上上网，玩玩游戏。这个导购很尊重地问那两个跟她年龄相仿的设计师："王老师，明天您有时间去量尺寸吗？"这个设计说："王老师明天要闭关修炼。"一股戏谑的味道。

然后她又问："张老师，您明天有时间吗？"

"我这几天都没空。"另一个设计师也不耐烦地答道。

我上午本来去了好几家店，不少设计师都很热情地给予建议，全然不是这样的态度。

这时候，导购面带愧色地说："没事，蒋老师会去的，他就住你们那附近，我给您问问。"

我们也就给了她这个机会，签了单。

后来我跟朋友说起这件事。朋友跟我说："你不知道吗？在职场，长得好往往更容易得到帮助，特别是男性同事更喜欢以貌取人。而且现在的人，往往是本事越大，脾气越大，不管别人怎么想，关键是自己得爽。"

听到朋友的话，我不禁哑然。可是，我还是要教育我的孩子：本事越大，脾气要越好。能力越大，责任也应当越大。如果有人需要你的帮助，而你又有这个能力，你就一定要帮他，做一个善良而受欢迎的人。

孩子之所以会成为一个不受欢迎的人，问题往往出在父母的身上。爱慕虚荣的父母，往往会教养出爱慕虚荣的孩子；没有规矩的父母，往往也不会教孩子规矩。

前几天，小侄子放学后，带了两个同学来我这里玩。我打开楼下的仓库，拿出了一些纸箱给他们做爬行的隧道。

其中有一个女孩，看上去比两个男孩大很多的样子，看得出她的胆子也很大。这个女孩进了仓库，东看看，西看看，我起先觉得孩子好奇，但没过

一会儿，她就看中了另外几个盒子。我赶紧说那些还要用，她就出去了，过了一会儿又进来拿我新台灯的一个内包装盒。我想这个也没什么用途，就没有阻止。全程她没有问过我，就直接拿走了。结果拿出去后也没玩，直接放在地上踩，之后又撕碎了，满地都是残渣。

我当时就觉得这个孩子缺少规矩，没有打招呼就拿东西，拿了之后又随意破坏。后来听侄子班上同学的妈妈们说，几乎没有人喜欢这个女孩。大家都避着她呢。

她之所以会这样，跟她的父母有很大的关系。她爸爸本来是的士司机，但是为了跟一个亲戚攀比，买了一辆小车停在楼下日晒雨淋。她的妈妈更是爱慕虚荣，每次跟身边人聊天都是炫耀吹嘘，把别人家的东西说成是自己家的。就是一个这样的家庭，让一个好端端的孩子变成了一个爱慕虚荣的人。而且，他的父母属于那种绝不吃亏的人，所以只要对自己有利的事，绝不放过，哪怕是用不上的东西，也必须争到手里，即便是浪费了也感觉值了。还总是教育孩子"怕什么？跟他抢啊！"生怕孩子在外面受欺负。

希望孩子胆子大一点儿，避免吃亏，的确情有可原，但是如果没有同时告诉孩子一些交往的礼仪和规矩，这样的大胆往往就会让孩子不受欢迎。

在养育孩子的过程中，父母的榜样力量起着至关重要的作用，因为身教大于言传。

乐于助人的善良父母，往往会鼓励孩子乐于助人。我妈妈就是一个这样的人，让我受益匪浅。

记得有一次，一个卖年画的老人来我家卖领袖的画像。我们正在吃晚饭，我妈妈说家里已经有了，不需要买。老人转身走了一步，又突然回头说："要不我送你们一幅画，你们给我一顿饭吃，可以吗？"看得出他也是抱着试试看的心态说的，声音小得可怜。

没想到妈妈竟然答应了，说："看你这么晚还没吃饭，也可怜，刚好我儿子回来了，饭菜也多，就一起吃吧，那幅画给不给都没关系。"

"谢谢，你真是大好人啊！谢谢！画一定要给的。"

我的内心非常震撼。我为自己的母亲感到自豪。

看到老人不好意思夹菜，我给老人夹了鸭翅膀，我看到他眼圈泛红。他说自己离开老家到这边讨生计，这天走着走着太晚了，没想到竟然找不到一个卖包子的地方。他还说米饭太好吃了，他们老家都吃面，很粗糙。

当时儿子也在饭桌上默默地听着，看着。我觉得这就是很好的人生一课。

在教育孩子的过程中，有时说得再多，孩子也不明白，但是我们做了，孩子心里就会感受到。

我们总是希望自己的孩子聪慧，希望他们读书学习，有好的前途。但是无论抱有多大期待，都必须先做好一件事，那就是做人。

让孩子的心灵充满爱，同时也要让孩子知道规矩的可贵，这是每个父母最重要的功课。

孩子太懂事，并非好事

知乎上有一个帖子叫"懂事的孩子快乐吗？"有将近4000个答案。点赞最多的前10个答案都是"不快乐"。

其中有一条回答特别让我有感触：

"在妹妹上高中、上大学的那几年，我每年给她的生日祝福都是：'祝你永远不用太懂事！'

当然，这里的懂事，意思是近似于穷人的孩子早当家的那种。青春年纪要简朴，要刻苦，要坚忍，要压抑……懂事太苦了。因为我自己读高三到大学的阶段陷入过极大的困境，我努力考上大学，最惨的时候，每顿饭就端两碗免费汤，一碗泡饭，一碗当菜，直到后来找到了一份不错的工作，才彻底改观。

当亲戚们都夸我懂事的时候，我真的不知道懂事是什么滋味。但是我明白，我是不得不懂事。但是我不想让我的妹妹也有这样的经历，所以我给她买好的，让她不要为这些事操心。"

我非常理解他的心情，因为我自己也是这样过来的。

记得那时读高中，家里每个月给的生活费总是不够用，但是懂事的我一想到家里的情况，就咬着牙不吭声。

记得最难过的一个月是打一份菜吃两顿，中午和晚上只买一份白米饭。那个盛菜的阿姨很同情我，她好几次把我叫住，然后打开旁边的小门，带我去后厨，从一个盆里给我加一些菜。如今想起来，内心还是百感交集。

懂事的孩子都有一个共同的特征：过早地注重他人的感受，放弃自己诉求的权利，不敢任性，小心翼翼。在内心也是低自尊的，总是觉得自己的需求无所谓，而大人对于自己的评价高于一切。

多少懂事的孩子，被父母误解

刘继荣在一篇文章里，写她自己的女儿在幼儿园的时候，老师斟酌再三，说了一件让她十分尴尬的事：女儿这些天用餐控制不住食量，常常吃到胃痛还要求添饭。旁边有位家长擦肩而过，好奇地回过头，望望女儿，脸上的表情似笑非笑。我在老师面前兀自强撑着微笑，心里却暴躁得想找谁大吵一架。

最后孩子同学的父母说出了实情：孩子拼命吃那么多饭，不是傻，也不是贪吃，是因为她觉得妈妈工作很辛苦，她要吃得饱饱的就不会老是生病，会快快长高变聪明，能给妈妈做饭，帮妈妈拖地，妈妈就不会再烦了。

得知真相的她瞬间落泪，这么懂事的孩子，却一直被自己嫌弃。

很多孩子，默默地为父母着想，但是小小的年纪无法表达。他们小心翼翼地观察着周围的世界，生怕给其他人造成一点儿麻烦。

懂事的孩子，就算是受了委屈，也不敢言语

我记得小时候，即便是到了过年，家里也不会给我买新衣服。如果我问，得到的答案总是"你有穿的啊"。我只能沉默。

也记得有几次愤怒过，哭着说："你说我有，给我找出来，找出来给我看看啊！"

这时候大人的脸色就显得既尴尬又气愤。

看到这样的表情，我又瞬间后悔了，为什么要这样去说养育自己的人呢！

确实是没有多余的钱买衣服，只是小小的年纪，还是不愿意去承认这个事实而已。慢慢地，长大后我变得更加谨慎，成了大家常常夸奖的"懂事孩子"。

我有一个姑姑，特别喜欢说一句话：不要买，没必要，浪费钱。

姑姑人很好，但是家境一般，一直精打细算过日子。她的大女儿前年刚刚工作。表妹刚开始总是给我打电话说要买电脑、买相机，要我帮她参考一下。每次表妹的电话刚刚打完，姑姑就打电话来说要我劝她不要买那些东西。我每次苦口婆心地给姑姑做工作，说年轻人都喜欢那些东西，是必需品呢，可她从来都反对。

表妹一直是个懂事的孩子，因为是家里的老大。我的记忆里她只发过一次脾气，总是一副安安静静的样子。每一分工资都给了妈妈保管。到我们家做客也总是显得拘谨，生怕麻烦我们，又总是抢着做家务。可是我真的不希望她太"懂事"。

这几年她没有再说买什么东西，也没有说要拿相机去旅行了。我知道家里肯定跟她说要准备嫁人了，多存点儿钱。前几天她还问我市里的房价是多少。这个懂事的妹妹，看来注定也有很多苦等着她来吃。

我知道很多苦是不得不吃的，只是希望她伤心时能大声哭出来，无助时能有一个依靠的肩膀，苦恼时能找一个人倾诉，不要总是憋着，不敢言语。

我们都希望自己有一个懂事的孩子，但是没有遇到懂事的父母，那这个孩子是不会真正快乐的。

父母在面对自己的孩子时，一定要让孩子敢于表达自己的需求，维护自己说话的权利。因为在很多家庭里，孩子是没有话语权的，一切都是父母安排。

你懂事，你如我所愿，那就让你读书，给你钱花。

你叛逆，你不懂事，那就打你骂你，限制你。

前几天有一个读高三的孩子给我留言说，自己一直想学舞蹈，因为自己从小就喜欢跳舞，小时候父母觉得周围孩子都有才艺，所以也让她去学了几年。后来上了高中，爸爸一直说让她去当老师，所以不让她继续学舞蹈。还说学舞蹈没有出息，要学这个就不要读书了，直接去打工。结果懂事的她还是屈服了。

懂事的背后往往是一种深深的自卑和无奈，一直战战兢兢地活在别人的世界里。所以，懂事真的是一种绝望。

特别是在孩子的身上，更加如此，小小的孩子无法选择父母，更无法脱离父母独立存在。

我自己就是一个众人眼中懂事的孩子，但是我一直没有为这种称赞开心过，反而觉得懂事像是一双无形的手将我紧紧抓住。让我的童年缺失了很多美好的东西。

有了孩子之后，我发现儿子也是很懂事的孩子。我看到了他优秀的品格，也担心我的管教过于严厉而束缚了他。所以我给他规矩，也努力保持他的童真，允许他小小的任性，宽容他经常犯的小毛病。我愿意接纳真实的他，愿意听到他内心的窃窃私语。

宫崎骏的电影《龙猫》里，看着孩子离去的背影，小梅的妈妈对着爸爸说："懂事的孩子更让人心疼。"

是啊！让人疼，值得疼。那我们一定要好好爱那个懂事的孩子。

妈妈，我们家有钱吗

①

前几天，儿子小声地问我："爸爸，我们家有钱吗？"小小的孩子竟然也这般敏感。也许是我跟妻子平时讨论家里开支，孩子也在一旁听着。幸亏我从没有跟孩子哭穷过。

聪明的父母明白，自己穷，是需要自己努力改变的，不能把孩子拉进来被穷吞噬。很多父母会跟孩子哭穷诉苦，希望孩子能够变得节俭懂事，能够知道家里的难处。但是，懂事的孩子，有时候真的很可怜。他们不是不想要，而是不敢要，开不了口。因为懂事，怕为难了父母。更重要的是对一个孩子来说，被贫穷包裹的感觉几乎是绝望的。因为他们无法帮助父母，更无法摆脱这心里的束缚。

前几日看了伊朗的电影《小鞋子》，感触颇多。我是揪着心看完的，为其

中的善良和纯真感动，也被里面的贫穷压得几乎窒息。

影片的故事十分简单，是关于两个孩子，还有一双鞋的故事。小哥哥因为不小心，把妹妹唯一的一双鞋弄丢了。父亲工作很辛苦，挣得很少，母亲重病，还有一个嗷嗷待哺的小婴孩。房租也是一拖又拖，几乎要流落街头。家里实在没有余钱买一双鞋。兄妹俩不敢将遗失鞋子的事告诉父母，两人决定每天轮换着穿哥哥的一双旧跑鞋上学。为了能及时换鞋，兄妹俩飞奔在小巷里。

影片在豆瓣有12万人打分，9.1分。而点赞最多的评论是"没钱不要生孩子。"这是很多父母看完后非常触动的地方。就算影片中两个懂事的孩子通过自己的努力赢得了尊严，可是那过早承担家务活的妹妹，和像个小大人一样的哥哥，无处不让人心疼。

这种贫穷感会带给孩子什么？最直接的是自卑感。影片中的妹妹因为穿着哥哥破旧的球鞋上体育课，低着头不敢跳远，因为跳的时候就会把自己的鞋子露出来。同学们都穿着五颜六色的新鞋子，可她呢？是一双又脏又破的男球鞋。

当时她那小小的紧张，我想很多曾经经历过贫穷的人会有同感。她开始留意同学们的鞋子，盯着地面上的那些脚，一双一双地看。内心的自卑和渴望往往会让人无可奈何。她怎么会不在意呢？只是她无法逃避，而且也不敢跟父母说。懂事的孩子，竟然如此可怜！

面对贫穷，有人"穷且益坚，不坠青云之志"，有人却自甘堕落，沦为盗匪之徒，或成了拜金的奴隶。二者相差甚远。这种种都离不开父母早期给孩子喂养的精神养料。

面对贫穷，有的人就像石头缝里冒出来的野草一样，让人感受到铮铮铁骨和不屈的精神。

莫言在回忆自己的母亲一文里提到："愁容满面的母亲，在辛苦地劳作时，嘴里竟然哼唱着一支小曲！当时，在我们这个人口众多的大家庭中，劳作最辛苦的是母亲，饥饿最严重的也是母亲。她一边捶打野菜一边哭泣才符合常理，但她不是哭泣而是歌唱。""我的母亲教育我，人要忍受苦难，不屈不挠地活下去。"

不管生活有多么艰辛，都不能让孩子的心灵蒙上这层灰尘，而是要让他们的天空明亮晴朗。

我非常喜欢《当幸福来敲门》里的黑人老爸克里斯，他在自己事业不顺，生活潦倒之际，没有跟儿子说过一个苦字，而是教育儿子：不要灰心，要捍卫梦想。

他带儿子在地铁公共厕所过夜，告诉儿子这是为了躲避恐龙进了山洞——地铁站的卫生间。在铺着几张纸的冰冷地板上，儿子在父亲的怀里沉沉睡去。有人敲门时，在里面的克里斯把脚悄悄地抵住门，直到外面的人走开。这时，镜头显示克里斯的脸部特写——一滴泪水流过他黝黑的脸颊。

看到这个场景，我知道很多父母都会落泪。因为，我们的孩子也曾经用那样的姿势在我们的怀里入眠，而我们也曾被生活折磨过。可是再苦，也要微笑着告诉儿子：一切都会好起来的，通过努力生活会变好的。

在《小鞋子》里也是如此，爸爸利用周末时间带着儿子进城做园丁，挣到了第一笔钱，他开始跟孩子描绘美好的生活。而这就是希望，是射进孩子世界里的明媚阳光。

③

很多父母将自己的人生和孩子绑在一起，似乎自己活着就是为了孩子。这样的孩子将遭受巨大的成长之痛。他们一边被父母的期待捧着，一边又被父母的诉苦压着。

我常常听到这样的话：

"为了给你报这个培训班，我花了那么多钱，你还不多考点分数回来，你对得起我们吗？"

"我们家将来就靠你了，你不努力，我们这么辛苦有什么意义？"

"我就后悔生了你，没有生你我就不会过得这么辛苦。"

很多时候，你以为你是说说而已，但是在孩子敏感的心里，或许已经种下了悲伤的种子。跟孩子哭穷，还是让孩子自己去感受生活的不易，是完全不一样的。前者会让孩子自卑，他会觉得是因为生养的父母如此，自己的生活才惨淡无光。而自己去感受的，往往会有那股"没有伞的孩子努力奔跑"的劲儿，会促使他通过努力改变自己的人生。

4

当孩子跟妈妈说："妈妈，别人家好有钱呀！"这时的你该怎样回答呢？

有一位妈妈是这样写的："儿子学校组织小记者旅游采风活动。儿子回来跟我说：妈妈，别人家好有钱呀！好多同学带iPhone7和ipad。我淡淡地说：宝贝，你也会有的。他疑惑地看着我，我坚定地点点头说：一定会的，只要你努力。他似懂非懂、若有所思地点了点头，就看课外书去了。"多好的回答啊！当孩子关心家里的经济问题时，我们应该更多地给予孩子肯定和鼓励。

在孩子的教育上，我们常常过多地重视了智商和情商，却很少关注财商，对于经济常识的学习，应当成为教育的一个重要部分。当孩子提及贫富，我们要告诉他们："不管世事如何，爸爸妈妈都会保护好你，让你上学，让你好好生活，你完全不要担心，因为爸爸妈妈能赚到钱，相信你长大了也能自己去挣钱。只要你努力，一定会的。"

给予孩子爱的承诺和鼓励，保证孩子内心的安定，这是每个父母的职责。无论生活给予你何种面庞，面对孩子，你都应当传递给他温暖的微笑和坚定的信心。当你心怀美好的期待，孩子必定也会向着优秀那方迈进。

没有规矩的爱，就是一把伤人的刀

①

我经常跟大家探讨爱的教育，所以，很多朋友都觉得我是一个慈父。当然，我也想成为一个跟孩子无话不说，亲密无间的好爸爸。可是，我们家的规矩棒还是握在我的手上的，我也是一个严厉的爸爸。

那是用报纸卷的一个纸棒，打在身上还真的很疼。因为你跟孩子讲规矩，说道理，他不一定听。特别是男孩子，树规矩尤其难，他们常常是不带耳朵，或者干脆就选择性屏蔽你的话。

年初的时候，因为我要去北京书展，所以就送儿子回奶奶家住几天。早早地给他做准备，我自己满心的舍不得，他却像没事人一样，只想着早点去。因为爷爷奶奶的宠爱总是让他更自在一些。

我跟他说："你一定要记住三件事，每天读一本故事书，自己吃饭，少看动画片，只能下午看30分钟。"

因为以前说的太多，他说记不住，我才不断简化成这三条。结果他还是说记不住。我知道他是故意的，一篇三字经读几遍就能背诵，不可能记不住这三句话。但不管怎么样，我还是要把规矩跟他讲："我爱你，但是我也希望你能守规矩，养成好习惯。"他听完点了点头，我能感觉到他的认真，也就放心了。

没有规矩，不成方圆。这个道理大家都懂，可是执行起来却很难，很多时候，孩子稍微撒个娇，父母就半推半就地顺从了，这样是很难树立规矩的。

我们家那根规矩棒平时就静静地躺在冰箱的顶上。当然它的震慑力远远大于它的实际作用。因为很多时候，根本用不到它。可是它一定得有，因为它能够将无形的规矩有形化。所以当时制作的时候，我把儿子叫到身边，告诉他这是做什么的，还当着他的面认认真真地用大头笔写了"规矩"两个字。

很多父母都知道要多陪孩子，但因为自己没有足够的时间陪，就有一种强烈的补偿心理。一旦和孩子在一起时，什么都听孩子的。本来老人就已经把孩子宠上了天，父母再百般顺从，一定是会出问题的。

有一次跟一个朋友一起出门，朋友带着自己6岁的女儿。半路上小家伙说太热，要站天窗那吹风。朋友拗不过，尽管同车的人都说不要这样，很危险。但是他说："没办法，我们家她说了算。"孩子就开开心心站了上去。还没走多远，因为差点儿撞到摩托车，一个急刹车，小孩差点儿甩出去。幸好他爸爸拉

住了她的脚。

如今，行车的规矩很多人也疏于遵守，坐车的规矩父母也常常没有重视，以至于当危险来临，孩子就成了最大的受害者。我家孩子也常常想坐副驾驶位，也喜欢打开窗子伸出头看风景。但是这些事在行车过程中绝对不会发生，因为我跟他讲，这是规矩，没得商量。因为违背规矩会非常危险。

我指着路上那些被压成一张皮的青蛙和蛇，告诉他那就是不守规矩乱过马路的结果。我知道他一定会记忆深刻。

弗洛姆说过："在一切爱的关系中，自由最重要。"但是，自由不是绝对的，没有规矩如何保证自由？二者应当怎样取舍，考验着父母的智慧。

我一直觉得，对于孩子心灵的自由，应不干涉也不伤害。但是在行为习惯上，就得给孩子立规矩，不放纵也不溺爱。这就好比硬币的两面，可惜的是很多父母只看到了一面。比如有的孩子被严厉地管束，行为习惯规规矩矩，但是心灵也被锁住了，变得畏畏缩缩；而有的孩子自由散漫，得到了大人无尽的宠溺，但是失控的情绪和行为常常妨碍别人，惹人讨厌。

俞敏洪老师在演讲中提到的一件事值得借鉴：

"给孩子定规矩，规矩的严厉性和合理性，都是必须考虑的。我儿子以前擦鼻涕，纸就扔地上。我说他，他不听，还故意再来一次。我老婆说，'哎哟，你给他捡回来不就得了。'我不同意。大冬天我就把他直接关门外去，他害怕了，过了一会儿敲门。我问他回来干吗，他说回来捡纸。从此之后，他再也不往地上扔纸了。"

这是很常见的一个场景。但是有些父母不会注意到，觉得丢了就丢了，自己帮孩子捡起来不就行了。但就是这样的情况，让孩子养成了坏习惯，没了规矩。还有一些父母是强硬派，直接发脾气，威胁不行就打骂，直到孩子听话为止。这些都是失当的处理方式。

在规矩的树立上，父母的态度和情绪是关键。很多父母面对孩子的错误或缺点时，会忍不住发火、责骂，这样被情绪左右的父母是教育的失败者。因为他们不仅控制不了自己的情绪，而且还伤害了孩子的自尊，而孩子也只会把责骂的话当作空气，更不会感到父母的威望。

如果没有规矩，爱就是一把刀。你对孩子的放纵就是磨刀石，一年一年地磨，最后砍伤了你自己。

曾经有一段小视频，记录的是在广州一所医院里，一个9岁左右的小男孩怒吼着，短短几秒钟就飞踹了妈妈5脚，当时一旁的奶奶一直在劝阻，但是没有一点儿用。孩子踢打妈妈的原因仅仅是因为妈妈阻止他玩手机游戏。我想这位妈妈认识到了沉溺手机游戏的危害，但或许并没有认识到这是过去教育结出的恶果吧。

很多父母都有这样的疑问：我的孩子进入了青春期，非常叛逆，还能管教吗？孩子已经染上了网瘾，还能改吗？

我认为很难，因为"冰冻三尺，非一日之寒"。在最初的十年里，孩子的性格具有很大的可塑性，行为习惯也具有很大的引导空间。如果一次又一次地错过，就只能是悔之晚矣。

做父母是有关键期的。龙应台有个观点：在孩子最依赖你的十年里，一定要用心教养，提供依靠，因为一旦孩子到了青春期，父母再怎么努力，也无法再给予实质性的影响。

自己犯的错，养出一个狠心踢自己的儿子，只能自己来承受。

没有规矩的爱，就是一把伤人的刀，最后伤了自己，也伤了孩子。

你讲的那些道理，为什么对孩子不起作用

孩子自己对事物的理解决定着他的成长，而不是你讲的那些道理和唠叨！让孩子去承担后果，往往比说教要管用。

做了父母之后，我常常告诫自己，爱要有度，有些错误要让他自己去承担。有一次儿子从冰箱里拿了一个鸡蛋玩，一不小心掉在了地上，蛋液洒了一地。我没有责骂，也没有讲道理，只是跟他说自己去清理干净。他说不会，满脸的不乐意。

我就教他方法，告诉他先用纸吸，然后用抹布擦干净。那一次他自己小心翼翼地抹了很久。从那以后，他再也不去冰箱拿鸡蛋玩了。

只有真正承担了自然后果，才能让孩子吸取教训，而这种办法比惩罚的效

果要好很多。

所谓自然后果，就是孩子的行为直接产生的结果。比如孩子没有节制地吃零食，就会肚子疼。做事磨磨蹭蹭，就只能自己一个人下楼或者玩的时间会减少。破坏了东西，需要自己修好。扔东西发泄脾气，最后得自己去收拾残局……

孩子一般不会犯同样的错误，如果他们自己承担了后果，往往会自己纠正自己的行为。

很多妈妈说，我的孩子不刷牙，常常要逼才行；我的孩子不吃饭，要骂才行；我的孩子不做作业，要打才管用……

为什么会这样？是哪个地方出了问题？

往往是父母的教育方式出了问题。因为孩子已经习惯父母的这种管教方式。就好像你今天不这样来一下，就不舒服。

心理学告诉我们，孩子生活中的首要欲望就是他的母亲为他服务，为他操心。所以孩子会千方百计地想着去控制母亲，获得关注。如果正面的行为没有得到足够的回应，那么反面的行为则能帮助孩子达到这个目的。这样一比，孩子肯定就会选择反面的行为。

就拿刷牙这件小事来说，本来是为了保护孩子的牙齿，保证口腔卫生，减少患病的机率。如果能从最开始就告诉孩子刷牙的好处，并且教他怎么做，然后鼓励他的正确行为，这个习惯就很容易养成。而一旦孩子将这个作为控制母亲的行为，就复杂了，他们会谈条件，会想方设法逃脱，因为这样能控制你，而且好玩。

吃饭也是这样，本来是简单的生理需求，很多时候却变成了一场家庭的心理战，形成恶性循环。

除了给孩子爱之外，我们还需要让孩子去学会承担后果。只有这样，孩子才会成为一个有独立人格、敢于担当的人。而这个教育要越早越好，从两三岁就可以开始了。

很多时候，父母的过度保护让孩子失去了承受后果的机会，结果是孩子永远不会真正成长。而只有他们自己真正承受一次后果，才能刻骨铭心。

记得有一次孩子的姑姑来家里，我们晚上说外出吃烧烤，儿子非常开心。这时妈妈跟他说烧烤不能多吃，吃多了会肚子疼。我看他是一个字也没听进去，满脑子是烧烤的美味。

等到美味上桌，他果然是样样要来点。我并没有阻止他，而且他妈妈要阻止他的时候我也拦住了，我说让他吃吧，吃了就知道了。

果然，第二天他捂着肚子跟我说："爸爸，我肚子好疼！"

"怎么回事？"

"我也不知道！"

"你昨天是不是吃什么东西吃坏了肚子？"

"噢……"

我想他是知道原因了。

我给他吃药的时候跟他说："你肚子里的小精灵今天罢工了。因为他们昨天晚上被太多的烧烤食品包围了。"

这个时候跟他说才有用。他会因为教训而记住"烧烤食品不能多吃"。

后来又一次我说带他去吃烧烤，他摇摇头说不去，还说："烧烤食品吃多了肚子疼。"

❸

很多父母说孩子不写作业，或者写作业的时候三心二意，总是出错。其实孩子就是在等着父母的关注和帮忙，产生了一种依赖。

我记得我小的时候一回家就自己搬出桌椅写作业，对错自己检查，因为要自己面对老师。

我有好几次被留扫教室，就是因为作业不认真。那时候我就跟家里人说我是玩去了，但是心里却暗暗下决心，不能总是被罚，我得认真。当我自己认识到了这种后果，才会真正产生动力去改错。

还有不少的妈妈提到"孩子喜欢摔东西，发脾气时看见什么都摔。"那是因为孩子摔得过瘾，反正有大人给他收拾残局。

我见过一个这样的孩子，她经常和儿子一起玩。有一次他俩因为一个玩具起了争执，小姑娘一怒，就提起自己的玩具箱子一扔，整个客厅里都是，接着她推翻凳子，踢翻垃圾箱。儿子在边上看着吓坏了。

这个时候小女孩的奶奶来了，笑着说："怎么又这样呢！等会打你啊！"

然后就一个一个地去捡起来。

很多父母像这个奶奶一样习惯于给孩子收拾残局，孩子在外面惹事或者犯错，家长忙不迭出面摆平。这种给孩子包干清理残局的行为，只会让孩子习惯于家长替他负责，永远也学不会为自己的行为负责了。

孩子是很难控制情绪的，我们不能奢求一个孩子能够控制怒气，因为大人都很难做到。但是我们可以告诉孩子怎么去发泄自己的情绪。

我记得儿子两岁多的时候，也曾拿起自己的东西丢，用这种方式来发泄不满和脾气。但是我不会打他骂他，只是告诉他自己去捡回来。而且很明确地告诉他，必须做！——你有犯错的自由，但你必须接受和承担后果。

每次等他缓和了一点儿的时候，就开始去自己捡，如果有人想帮忙我会立即阻止。自己扔的东西自己捡，这个原则没有商量的余地。

当孩子有了这个规则意识的时候，他就不会扔东西了。

如今，他能很好地控制自己的脾气，生气的时候我会提醒他深呼吸。如果很生气，可以去冷静一下。

特别是读了《杰瑞的冷静太空》之后，他和我都知道人需要一个地方来帮助自己冷静一点儿。而《生气的亚瑟》则帮他了解了脾气造成的伤害，明白生气会伤害自己，也会伤害最亲的人，甚至伤害无辜的地球。

孩子的成长，是父母的一次修行。面对犯错的孩子，我们不能只是发火惩罚，而是要控制自己的脾气，平和地帮助孩子，只有你真的够强大了，才能接纳并且引导孩子去承担后果。

我们爱自己的孩子，想给孩子遮风挡雨。但是很多时候，让孩子去承担一些后果反而能让他更加坚强勇敢，并从中学会自律。

只有自己去试错、犯错，才能吸取到教训和经验，才能真正地成长。而这是父母的爱取代不了的。

要知道，终有一天孩子会跟我们分离，去过自己的生活。这样的爱，谁又能说不是深沉的呢！

爱发脾气的孩子，到底缺什么

❶

每个孩子，或多或少都会有些脾气，在陪伴孩子成长的过程中，我认为情绪这个东西是最难琢磨的。尽管有许多关于孩子情绪管理的书，但如果父母自己脾气就不好，焦虑是必然的。

面对一言不合就发脾气的孩子，父母首先应当问问自己："我的脾气如何？"因为很多问题的根本不在孩子身上，而在于父母，在于孩子生活的这个家庭。

❷

一言不合就发脾气的孩子，往往缺少一个平和的父母。

一个人有情绪很正常，父母也不例外，所以很多妈妈就说，自己在对孩子凶了一顿后非常后悔，真的想抽自己一顿。但是后悔又有什么用呢，重要的是去积极地进行反思和改正。否则下次还会出现这样的场景。

成长的父母，最重要的标志是接纳、允许自己有情绪，继而也接纳、允许孩子有情绪。

很多父母不想听到孩子的哭声，一听到哭声就烦，这是为什么？

心理学研究发现：孩子哭如果让父母心里难受、烦躁不堪，往往是父母自己在成长过程中，内心积郁了许多负能量，没有得到宣泄的机会。孩子负面情绪的爆发，会触及父母内心的同类情绪，潜意识里因为担心自己失控，所以也不允许孩子发泄。

所以，父母本身要先在情绪管理上下一番功夫，直面自己的情绪，管理好自己的情绪，从而才能真正引导孩子。

爱发脾气的孩子，往往是缺少父母的理解和接纳。

我发现每次周一早上儿子就会跟妈妈难舍难分，要么不准妈妈去上班，要么想跟妈妈去上班，总是找各种理由不想妈妈离开。

有一次，老婆不得不走了，我就说你快走，哭一下没事。当门关上后，儿子穿着睡衣哭着跑过去，打开门大喊："妈妈，妈妈。"

看着这个小小的背影站在门口喊叫的样子，像极了我小时候送母亲的情形。

我内心无比地理解儿子的心情，过去轻轻地搂着他，让他在我怀里哭会儿。

有时候遇到这样的情况，他也会拒绝我抱，想一个人待着，我就陪着他，让他一个人哭一哭。当我抱着他的时候，会跟他说："我知道你舍不得妈妈，心里肯定很难受，爸爸知道，因为以前你奶奶出门的时候，爸爸也很难受。但大家还是会在一起，妈妈下班了就会回家，对不对？"

"要不我们去做点什么游戏吧，这样你就能舒服点儿。"然后我会给他一点儿好吃的东西，或者陪他一起玩一会儿，他的情绪很快就会缓和下来了。

当孩子有情绪问题的时候，父母最需要同理心，去认可孩子的情绪和感觉，弄清楚孩子为何会这样，想办法帮孩子走出情绪的泥沼。等他平静下来后跟他谈谈，我们能怎么办？有没有更好的办法呢？

情绪只有流畅地表达出来，被自己接纳，分析认识之后才能真正地管理好它。很多孩子为了取悦父母，做一个懂事的孩子，结果压抑自己的情绪，犯了错会撒谎，遭受欺负会隐瞒不报，如同戴着一个假面具，这样的孩子内心会慢慢扭曲。一个人不敢面对真实的自己，是非常可怕的。在父母对孩子高度控制的家庭里，孩子是无法发展出健康的独立人格的。

缺乏规矩意识和同理心的孩子容易发脾气。

父母一定要注意尽早让孩子放弃"哭闹"这个武器。其实孩子天生就带着这个武器来的。婴儿期的孩子，会通过哭闹来达到自己的需求，或者保护自己，引起父母的注意。因为他们无法用语言交流，肢体的动作往往也很难被大人理解，所以就只好用哭来表达。

当孩子长大后，如果教养者宠溺孩子，孩子还是会继续利用这件武器。儿子的一个小表妹，有一次在我们家跟哥哥玩，两个人为了争夺一个玩具互相推了一下。我当时对两个人都裁判有错。小侄女嘟着嘴也接受了。可晚上爷爷在的时候，只要哥哥一碰到她，她马上就大声哭。这时宠她的爷爷就会立刻过来，问是不是疼啊，别哭啦！这时候她反而哭得更大声。

还有一次，我看到邻居家的儿子在超市躺着哭，一定要买一个玩具陀螺。他爸爸说一个星期要买三个，不买就这样哭着喊着，躺地上。而只要他一使出这个杀撒手锏，他爸爸马上就掏钱。很明显，其实孩子早就吃准他爸爸了。

儿子以前也用过这样的方式，记得有一次去超市，一定要拆一只火腿肠吃，没达到目的就哭了起来。我当时任他哭了一会儿，有个销售员阿姨就说要送一只给他止哭，我说没事，让他哭会儿。大概哭了1分钟，我说买一只回去，但是现在不能吃，要煮熟吃。算是各自退了一步，他就同意了。

当孩子需要爱时，我们积极地给予他不带任何附加条件的爱，拥抱他，亲亲他，鼓励他；而当孩子用哭闹控制人时，一定要明确地说明原因，坚持原则跟孩子说不。因为放任和宠溺只会养出一个以绝对的自我为中心的孩子。

你要让孩子明白，家里的每个人都很重要，每个人都有自己的感受。爸爸妈妈也会生气，也会难受，也有需求。当有了父母的爱与理解，加上规则意识和同理心，孩子就会一步步走出情绪的泥沼。

妈妈，你生气的样子真可怕

1

有一个妈妈说："看着儿子做事慢，心里就觉得窝火，每次都忍不住吼他一顿。但是吼完之后就非常后悔。儿子有一次睡前跟自己说'妈妈，你生气的样子真可怕，'我是瞬间泪奔，心疼儿子成了自己情绪爆发的出口。"

很多父母都有这样的感受，其实孩子很多时候是无辜地充当了父母情绪的出气筒。

在坏脾气的控制之下，我们往往忽略了事件的本身，反而任由伤害一步步升级。在大部分吼骂的反省中，可以看出一个共同的情形：孩子本身没错，往往是父母的情绪失控而已。

除了愤怒发脾气，我们还能选择什么样的方式呢？

2

自从做了爸爸，我发现自己最大的进步不是学会如何带孩子，而是自己的脾气变好了。我本身是一个比较急躁的人，从小就跟一个脾气急躁的奶奶生活在一起。她如今快80岁了还是一个很急躁的人。

有了孩子之后，会不自觉地想起很多自己小时候的经历。我常常会想起爱发脾气的自己在记忆的原野里哭泣呐喊的情形，而如今发起脾气的样子跟小时候一模一样。

没有成长起来的父母，几乎都是这个样子，可这又如何能帮助孩子管理好情绪呢？

记得很多次，面对孩子哭闹或者执拗的时候，我脑海里都会不自觉地冒出一些打骂孩子的想法，整个身体就像一座火山正待爆发。幸好，我都努力让它熄灭了。

有一次，孩子穿衣服的时候袖子拔不出来，一着急就哭了起来，我劝说无效，帮忙也无效。看到这样的情形，可能大多数人都会觉得是孩子无理取闹。但我努力控制住情绪，让他先平静下来，再教他如何翻袖子。在秩序敏感期的时候，每次出门，他必须先穿好鞋子，然后我穿鞋子。假如我先穿了鞋子，那就如同捅破了马蜂窝一样。我知道这时发脾气、打骂恐吓当然能镇住孩子，可是这样的镇住有什么意义呢？我仅仅是想要一个安静的孩子吗？不如把鞋子脱了，坐在那等他先穿好。既然不是触犯原则的任性，何须发脾气呢？

当然，很多父母都会说，自己发脾气是有理由的：

孩子不可理喻，我得治治他。

太让我失望了，又没做好。

总是一错再错，没记性。

说话不听，发脾气才听。

我是为了孩子好，打是亲，骂是爱。

……

可是吼了一通之后，发现结果无非这几种：

孩子变得非常温顺听话，乖乖地听自己的指挥，让他干什么就干什么。

孩子被吓傻了一样地站在那儿，小小的眼睛里全是惊恐。

大哭起来，偏偏跟你对着干，甚至学你的样子发脾气，踢打家里的宠物或者砸掉心爱的东西。

还有一种是没任何的反应，对父母的脾气已经习惯，早已置若罔闻。

这样的教育有什么效果呢？

我们常说孩子是天使和恶魔的结合体，为父母者又何尝不是这样？心理学认为，每一个大人心中同时藏着父母（Parent）、成人（Adult）与孩童（Child）三种分身。而常常发脾气的父母，就是一个容易被"孩童分身"控制的大人。

当我们亲昵地抱着我们的宝贝，看着他们安睡的样子，内心是非常满足的。他是我们带到这个世界上的，我们需要给他们所有的爱，也觉得自己什么都可以给。这个时候，我们是爱孩子的父母。

当我们面对困难，总是能从容地处理，给予孩子生活上的指导和建议，这个时候我们是一个成人，这也是我们最基本的样子。

但是当我们被孩子的行为点燃怒火时，我们内心变得焦躁，往往控制不住自己的情绪，我们有一种挫折感，有一种手足无措的失败感。

如果是在其他地方遭到打击重创，我们可以躲起来哭一场，或者找朋友倾诉，但是面对着自己的孩子，我们往往就会用吼骂来发泄情绪，来震慑孩子，要求他们按照我们的要求做。这个时候，我们心中那位"孩童分身"就冒出了头。

所以，我们大部分的暴躁状态其实就是因为被自己这个孩童分身左右。

父母的平和情绪是孩子心灵自由的天空。如果你是五彩斑斓的，那么他的世界就是五彩斑斓的；如果你总是黑乌云叠加，暴风雨不断，那么他的世界就是风雨不断的；如果你平和，他就会平和，能自由地呼吸，自信地成长；如果你专制，他就会战战兢兢，胆小谨慎。

母婴关系心理研究者李雪说：当你控制不住想要对孩子歇斯底里的时候，可以有两个选择。

一个是自欺欺人：我这是教育孩子，为孩子好啊。

另一个是自省：我的内心有很多愤怒痛苦需要被觉知，需要被疗愈，我也曾经被父母这样伤害，这是我们家族代代相传的业力，我愿意经由亲子关系认识自己，成长自己。家族的不幸轮回，且让我承担，且于我终结。

我们会发现很多家庭里，父母的情绪不稳定，往往会影响孩子的情绪。很多人生活在一个充满打骂紧张的家庭氛围中，幼年就想着逃出这个牢笼。可是成年后，特别是自己有了孩子时，又发现很多童年时打在身上的印记又出现了，在影响着自己的孩子。

所以必须有坚定的决心，于我终结。

如何终结？需要我们进行长期的情绪管理。

首先要认识到这种带着脾气的教养是无效的教养方式，反而会伤害孩子。有了这个认识才能真正愿意去改变。

每个人都需要一个心理的冷静空间，不是说给自己划定一个现实的区域，而是给情绪一个释放的空间。

当我们的脾气上来的时候，不要被这戾气所控制。不妨去另外一个房间，或者去阳台透一下气，将拧巴的事先搁下，深呼吸，想一想美好的事情。

不要总是觉得孩子问题如何大，不妨站在孩子的角度考虑，多问几个为什么。

"他尽力了吗？"

"是不是我的要求有点儿高了？"

"是不是我没有弄清楚真正的原因？"

"是不是我自己做得过分了？"

当有了一个这样的心理冷静过程，很多时候我们的理智又会回归，就能以一个"成年父母"的状态去跟孩子心平气和地谈一件事，而不是在"孩童分身"冒出头的时候，像个孩子一样肆无忌惮地彼此伤害。

第二篇

其实你不懂孩子的心

尊重，成就内心强大的孩子

①

前几天在外边吃早餐，旁边一桌坐着一家三口，孩子应该是要去幼儿园，背着一个小书包。

他爸爸匆匆吃完早餐后就开始玩手机，孩子吃了几个饺子就说要吃醋。

"叫你爸爸去拿。"孩子妈妈有点儿不高兴地说。

"爸爸，拿醋。"

"你自己去，不是跟你说了，自己的事自己做嘛。老师怎么教的？"爸爸头也不抬地说。

孩子抿了一下嘴巴，然后自己去隔壁桌拿去了。

没想到刚拿起来就掉在了地上。看着满地的碎片和洒了的醋，空气里都酸酸的。

　　"你这个笨手笨脚的熊孩子，看我不打你屁股！"这时候爸爸起身就骂起了孩子。妈妈赶紧把吓得不知所措的孩子拉了过来。

"这么大瓶子的醋，是有点儿滑，没事，跟老板道个歉，赔一瓶就行。下次注意点。"

"我看就是你惯的，就知道溺爱，一点儿小事都做不好。"孩子爸爸一脸的不耐烦。

"那我是不是也惯你了。孩子的事你什么时候操过一点点心。家里的事你又关心多少？你还好意思大喊大叫。如果不是你玩手机，没照顾一下孩子，会这样吗？"

"你，不跟你说了。"这时爸爸也支支吾吾不知说什么了。

我们常常说不要溺爱孩子，要孩子独立。可是，你真的好好爱孩子了吗？很多父母，特别是爸爸，打着要孩子独立的招牌，却躲进自己的世界里享清净。

如果有一天你老了，你需要孩子为你做点儿事的时候，会不会得到种种推诿呢？一如你当年糊弄孩子那样。

明明在玩手机游戏，却跟拉着自己手的孩子说自己有事要忙。明明是想看一场球赛，却推开孩子说爸爸忙。很多时候是在找借口推开孩子的手。其实你推开的不是孩子，而是孩子对你的依恋之情。

要知道，播种爱才能收获爱。父母的言行举止，父母对孩子的态度，往往影响着孩子将来待人处事的态度。

曾在知乎看到一个这样的小故事，让我感动不已。

一个小男孩看故事入了迷，

故事里说有人给国王进贡了一块桌布，

脏了不用洗，

只用在火里一烧就干净了，

原来这个桌布是石棉做的。

小男孩死活不相信居然有烧不着的布，

男孩的爸爸为了给他演示，

不顾妈妈的反对，

拆了家里的电热杯，从里面拿出石棉，

然后放到煤气灶上烧给他看。

果然那块石棉没烧着，反而变白了。

从此小男孩知道了石棉燃点高这个事实。

二十年过去了，爸爸在电话里问他，

QQ 为什么登录不了，

怎么下载电影，

为什么显示器不亮，

电脑越来越慢是怎么回事。

每当他犯懒不想回答时，

他就想起二十年前的那个周末，

在燃气灶上安静躺着的那块石棉。

看到这个小故事，我想起了自己小时候。

虽然家里很穷，但如果是我想做的事，家里都会很支持，从不多问。所以我那时候就会拿不多的零花钱找医生买体温计、注射器，用来做一些小实验。将一只青蛙注射到肚子变大，或者量各种水的温度。

虽然奶奶没有读过书，不会给我讲解，但是她却支持我努力读书，去探索这个有趣的世界。也不会说这是浪费，更没有说我是瞎玩，她觉得这很好。而且家里有什么事也跟我商量。所以我感到了被尊重，变得独立而自信。而这些也是我当了父亲之后，越发感觉到珍贵的东西。

对于孩子来说，除了父母的管教之外，都需要一种独特的，区别于其他感情的亲子依恋。我们称之为"安全型依恋"关系，这种感觉会伴随人的一生。无论你到了什么年龄，内心都会住着这样一个内在的小孩。而这个内在小孩，跟他成长的那个原生环境永远有着内在的关联。

父母的关注和亲密的爱，是孩子形成"安全型依恋"关系的两个关键。孩子需要积极地被关注。"当我不开心时，我感受到了难过，我的情绪需要有人看到，不管我的目的如何，我首先希望有人关注到我的情绪，而不是忽视和打击。"这样能让孩子感觉到自己是被爱的，是被父母关注、重视的。

所以有时候儿子一脸难过地带着他的玩具找到我说："爸爸，我的这个轮子掉了。"其实这个时候他只是希望我能响应他的感受。

"你是不是觉得不开心，要不爸爸给你修修。"不管多忙都要重视孩子的问题，因为那是他们眼里的大事。

"好的！"这时候儿子马上就高兴起来，等着我鼓捣。就算修不好，孩子也不会难过了，因为父母感受到了他的情绪，并且积极地帮助了他，而这就足够了。

孩子很多时候要的其实并不多，他们仅仅渴望父母一个关注的眼神，一个拥抱，哪怕只是摸摸头、拍拍肩膀，他们也会觉得很满足。

让孩子感到被关注，孩子会觉得这个世界充满爱和理解，而不是冷漠和忽视。这样的孩子长大后，内心会更加的温暖，会更加疼惜心爱的人。

男孩长大，娶妻之后，看到妻子每月肚子疼，也会想方设法为其减轻痛楚，而不是忽视妻子的感受。女孩长大，嫁夫之后，见丈夫在外打拼，就算时运不济，挣钱不多，也不会劈头盖脸地一顿臭骂，然后拿丈夫跟其他人比。而是会关注到丈夫内心的感受，鼓励他，和他同舟共济。

这一切，在很大程度上取决于原生家庭有没有给孩子的内心种下一颗温暖的种子。

4

亲密的爱会为孩子的成长提供安全的基地，让孩子体会到这种不离不弃的关系，让他感觉到自己不是孤单的，不会被抛弃，周围的世界是安全而稳定的。这是孩子安全感形成的核心。

我们常常谴责父母的溺爱，反而忽视了很多孩子实际是缺爱的。

我们期待孩子拥有美好的品格，比如善良、包容、理解、自信、独立、有耐心。这些都需要建立在一个被爱着、被尊重着的个体之上。

爱和尊重不仅仅让孩子感受到温暖，更加让他们变强大。

好好爱自己的孩子，其实就是爱我们自己。因为眼前这个小小的孩子，不就是曾经的我们吗？

俄国作家陀思妥耶夫斯基说："和小孩在一起，可以拯救你的灵魂。"其实就是跟过去的自己对话。那个曾经软弱的、被忽视的、默默流泪的孩子在跟你倾诉、呐喊。那个曾经快乐的、内心温暖的孩子，也在你最无助的时候给你力量。

而如今，我们有了孩子，看到他们在自己的人生之路上前行着。我们唯有努力同行，才能不辜负这一段上天赋予的难得的亲子之情。

暗示的可怕力量

前几天，几个老朋友年末相聚在一起聊天。有一个朋友谈起我们一个小学同学最近被人追债，结果打伤了人，被拘押了。

记得在很多年前，我们还一起去河里捉鱼，一起去勤工俭学。只是，跟着他一起出现在我们记忆里的还有他妈妈那张从没笑过的脸，好像有发不完的脾气。当年我们都很怕他妈妈，他也怕，而且他从来没有得到过妈妈的夸奖。

他很小的时候父母就离婚了，他跟着妈妈过。他的妈妈压力繁重、脾气火爆，常常跟人抱怨说他不听话，人又懒，不帮她做事。还说他像他爸爸，很笨，不指望他会读好书。

其实当时他在班上的成绩还是非常好的，但是由于家庭的变故，加之妈妈的否定，让他慢慢地失去了学习的热情。

他跟我们说，"反正我很笨，不是读书的料，不读了。"最后就跟校园外面那些小混混在一起了，中学还没毕业就退学了。

我时常在想，如果他的妈妈当初能多鼓励他，而不是否定他，那他的人生会怎样呢？可惜的是成长无法重来，而人生也没有假如。

我们大概都会有这样的经历：小时候，大人们对我们的评价有好有差，但是每个孩子几乎都会想要好的评价。

我记得自己那时候作文写得好，有一次获奖了，在学校的公布栏里公布。我们那儿有一个走门串户卖豆腐的老伯看到了。每次经过我家就会跟我奶奶说："你家孙子真不错，作文写得真好，好好培养，以后会有出息的。"

奶奶喜笑颜开，我每次听到心里都美滋滋的。我告诉自己一定要继续努力，而且当我意识到自己有这个能力的时候，我变得更自信了。

每个孩子在成长过程中都有一个这样的阶段，他们会开始评价自己，进而为自己树立一个目标，并下定决心为之努力，这就是自我概念。

一个人从什么时候开始形成自我呢？心理研究发现是从婴儿时期就开始的，最直接的影响人就是父母。父母的行为和语言暗示起到了关键的作用。积极的心理暗示，能给孩子带来正面的影响；不良的心理暗示，则会给孩子带来负面的影响。

比如孩子做作业做错了，父母常常说"你真笨！这么简单的题目都不会做。"孩子跟其他小伙伴玩的时候起了争执，如果被其他的孩子欺负了，父母就说"你真笨！为什么每次都是你被欺负，你就不会打他啊！"孩子考试成绩不理想，就说"你真笨！就不是一个读书的料。"那么孩子就会变得畏畏缩缩，做什么事都怕，因为怕人说自己笨。可怕的是，孩子到了最后，也会真的觉得自己笨。

有一个做心理咨询的朋友讲过一个案例：

有一天，一个妈妈带着一个10多岁的孩子找到他说："我的孩子是早产，而且生的时候又是难产，医生说当时可能对孩子的智力有影响。我也觉得他有点儿笨笨的，学习成绩也很差。"

站在一旁的孩子眉清目秀的，一直低着头听妈妈讲，不敢看医生。

也许他也觉得自己天生脑子有问题。

他后来跟孩子谈了很久，发现这个孩子的反应速度和逻辑思维都很好，不可能是他妈妈说的笨孩子。进行智力测试发现，孩子的智力确实没有任何问题。

他成绩差是因为妈妈一直以来的心理暗示，说他是早产儿，大脑也受到了伤害。他就觉得自己理所当然不会读书，不如其他同学。

在心理医生的疏导下，这个孩子解开了多年来困扰自己的心结，后来成绩越来越好，升入了当地最好的中学。

很多父母喜欢给自己的孩子贴标签，而且往往是在不经意间，等到察觉的时候，孩子可能已经受到了很深的伤害。

父母如果不及时发现并改变，就会让孩子的自我概念中融入你贴的这些标签，影响着他们对自己的正确评价。

我发现快4岁的儿子已经在不断地评价自己了。前几天他跟外公说："我是一个很聪明的人，捉迷藏时，我躲起来，你们都找不到我。""还有一次我跟爸爸在菜市场走散了，但是我没有动，一直等爸爸找到我。"他就是通过自己的这些经历进行自我评价。

而我不希望他过于强调聪明，而是要努力才好。有时候我听到他说这些的时候，就会说："爸爸也觉得你很聪明，但是觉得你不够勤快，有点儿懒。"而且我发现自己特别喜欢跟孩子说"你有点儿懒"。

这样的话看上去没什么，可是无形之中就是在给孩子贴标签。孩子怎么做才是勤快？为什么要给他贴一个不勤快的标签呢？

很多时候就是因为大人的主观评价，而实际上真相并非如此。我仔细想想，发现只要我带着他一起，教会他如何做，比如洗菜、择菜、拖地，他都样样能做，而且很喜欢做，只是有时候注意力集中的时间有限。孩子做一件事当然不能坚持很久，而我却用要求大人的标准去评价孩子。

所有父母都爱自己的孩子，都希望自己的孩子好，但是总是在不经意间给孩子施加了不良的心理暗示。意识到自己的问题，才能解决孩子的问题，为父母者不可不察。

④

孩子都会积极地寻求赞许，渴望得到认同。很多孩子从2岁开始就有了很强的克服困难的动机，希望获得大人的赞誉。

比如我们会看到一个2岁多的孩子成功地组装了一个小机器人，会微笑着扬起头，跟父母说："快来看呀！这是我做的。"这个时候，他们内心极度希望得到父母的赞许，而这样的赞许会让孩子形成安全型依恋状态，这能让他们在面对生活及学习中出现的各种挑战时，不会害怕和焦虑。

在早期形成安全型依恋的孩子，在2岁的时候能够更好地解决问题，好奇心更强，也更加独立。进入小学之后也会对解决问题更感兴趣，因为他们拥有更多的自信。一直拥有安全型依恋状态的孩子，长大以后在社会交往和婚姻家庭生活中都会更加自信平和。

从心理学的角度来看，以积极的态度对待孩子、暗示孩子，孩子就可能朝着积极的方向前进；相反，如果对孩子存在偏见，或者总是说些负面的话，孩子就很可能会朝着相反的方向发展。

所以，与其主观地给孩子贴上那些标签，不如实实在在地陪伴和引导。少一些责怪，多一点儿鼓励，相信在不久的将来，你定将收获惊喜。

读懂孩子的心，是最有效的管教

1

我曾经分享过一篇文章，说父母对孩子"管"得太多。就有妈妈留言：是不是不要管孩子，遵循孩子的天性，就让孩子自由地发展，想干吗就干吗？

当然不是这样，比如孩子爱看电视，父母认为是天性使然，就放任孩子看，那可就是害了孩子。因为孩子是需要管的，只是应该基于尊重和懂得。

我们看到孩子独立的人格，小小的尊严，自由的天性。也要看到，他们热切地渴望父母的关注，模仿父母的行为，跟所有人一样，也有各种各样的坏习惯和不足。关键就看怎么管，找到了行之有效的管教方法，父母就会轻松许多。

2

我接触过很多孩子，发现了一件很有趣的事，几乎所有的孩子都喜欢做两件事：一件事是吸引大人的注意，另一件事是控制大人。

有一天，一个朋友跟我聊天说起一件事：

因为夫妻俩白天都要上班，有时候回家之后爸爸去书房忙业务的事，妈妈忙着家务，然后看看电视，或者看手机，所以几乎没有什么时间陪儿子玩。

每次吃饭的时候，儿子总是非常慢，有时还故意把茶水倒进饭里面，说要吃稀饭，或者将几种菜拌在一起。每次看到这个样子，爸爸就会生气地看着他，而妈妈就会责骂他，催促他赶快吃饭，但是他还是我行我素。

有一次我去他家做客，发现这个孩子在饭桌上真的不安分，总是要弄一些事，比如那天就把鸡翅泡在可乐里面，说要做可乐鸡翅。当时我看他爸妈的脸都气青了，只是没有爆发。当他爸爸忍无可忍打算骂他的时候，我赶紧暗示他平静。

饭后聊天，我跟他说："孩子那样做是想引起你们的注意，因为你平时太忙了，是不是很少陪他？"

"是啊，我几乎没时间陪他，一起吃饭的时候都不是很多，但每次吃饭他还这样。"

"如果他不这样，估计吃饭的时候你都不会理他，所以他要弄一些动静来吸引你的注意，哪怕是责骂，他也觉得是你对他的'在意'呢。"

"是啊！想想好像是这样的，我该怎么办呢？"

　　"下次在饭桌上，孩子做这些事，你们不要有任何的反应，他会自己改正。当然前提是你们要改变一下。多陪他，周末带他一起去玩，在家的话，跟他下下棋，或者一起聊聊天，玩一玩，暂时放下你的那些工作。"

　　后来，朋友告诉我，孩子再也不做那些事了。

　　孩子在成长的过程中，是急切地渴望与父母沟通的，他们希望得到父母的爱和关注。不光是小婴儿一时没有见到妈妈就会大声啼哭，即使是叛逆期的青少年，他们表面看上去自我而冷漠，但是内心也依然渴望父母的认同和关注。

3

孩子是很想去"控制"大人的。其实刚开始，他们也没有意识到这种"神奇"的力量，但慢慢地，就会发现这很管用。

比如刚刚出生的婴儿，因为依恋和不安全感，会不停地用自己的方式召唤大人。当他们想吃的时候，就会啼哭；拉了，不舒服的时候也会啼哭。当他一哭，大人马上就会满足他的需求。在婴孩期当然要这样，及时满足他的需求，会给他安全感。

随着年龄的增长，孩子的需求会不断地改变。他们一旦做不好或者觉得有困难，就会寻求父母帮忙。比如孩子要高处的杯子，示意父母去拿，当然要帮忙，因为他们自己做不到。当孩子因为父母打乱了房间的布置，让秩序敏感期的他大哭，那父母当然要想办法复原，这是孩子的心理需求。

只是很多父母一直把自己的孩子当作小婴儿一样对待，这样问题就来了。孩子的一些无理的要求就会慢慢出现，比如看到另外一个孩子手里有一个好玩的东西，就想大人帮忙去拿过来，而且一定要抢到手才满足。或者七八岁的孩子，吃饭的时候坐着不动，等着奶奶喂。

上次在外边吃饭，一个妈妈看到我儿子自己吃饭，她说这么小的孩子怎么会自己吃饭呢？因为她8岁的儿子还要奶奶喂。我说，你必须要跟家里那个好心的奶奶做做工作了，因为这些好心的大人总是容易被孩子控制。

当孩子的聪明劲儿全部放在了如何去控制大人满足自己的需求时，哪有心思去学习自己做好一件事呢？

所以很多在父母掌控下长大的孩子，成年后还会想方设法通过父母达到自己的目的。我们看到有越来越多的啃老族，如果父母不能满足他们的愿望，他们甚至棍棒相加，不能不说是做父母的悲哀。

在成长的过程中，每个孩子都会有这样的一个阶段，这就需要父母坚定而温和地去引导他。对于孩子的无理要求，哪怕是大喊大叫地哭闹，父母也大可不必理会。孩子哭闹不会让他自己受伤，不良情绪发泄之后，让他自己在房间里好好冷静地想想。而父母唯一要做的就是坚守自己树立的那个规矩，温和地等待和处理，不压制、不恐吓、不迁就。

孩子总是有各种各样的坏习惯，比如打人、扔东西、说脏话、朝人吐口水。打骂不是办法，说教也常常没用。只有让孩子自己从内心认识到自己的错误，对错误有一个很深的印象，才会有好的效果。

我记得有一天，儿子跟他表妹在一起玩。突然因为争夺一支彩色蜡笔而争吵起来。当时儿子就很生气地拿着蜡笔朝妹妹脸上划了一下。表妹没有还手，也没有哭，看了一眼旁边的我。儿子觉得自己赢了，很高兴。

"你刚刚是不是动手了？"

"没有啊，是她要抢我的东西。"

"你们不是说好要一起玩的吗，怎么不一起分享呢？"

"谁让她抢我的笔？"

"因为妹妹抢你的笔，所以你很生气，然后就拿笔划了妹妹的脸，对不对？"

这时候他点了点头。

"你跟妹妹道歉。因为笔划在脸上很危险，而且很疼。你如果扎到她的眼睛，她就再也看不见东西了。你想妹妹看不见东西吗？"

"不想。"

我把他的手拿过来，用蜡笔在他的手心划了一下，他赶紧缩了回去。

"是不是疼？"

"嗯。"

"跟妹妹说对不起。"

他犹豫了一会儿还是说了。

"对不起。"

"没关系！"妹妹笑着原谅了他。

他自己也轻松地笑了，然后又一起玩了起来。

总是有很多父母说搞不定孩子，不如说是没搞懂孩子。在孩子发生问题时，一定要多想想孩子行为的背后，多问问为什么，多听听孩子的想法，问题就会很快化解。父母应该是这个世界上最熟悉自己孩子的那个人，就好像养花一样，你不懂花的品性、需求、生长的规律，怎么能养好花呢？

优秀的父母都善用同理心

①

有一位妈妈在朋友圈抱怨，说自己不小心把孩子心爱的存钱罐打破了，跟孩子道了歉，还承诺马上买一个新的，可是孩子还是不依不饶，哭了一上午，还跟自己赌气。感慨养孩子真难，真想打他一顿。难道买一个就不行了吗？

真的买一个就好了吗？

孩子心爱的东西被破坏了，他的心情你真的理解吗？

很多父母都只看到东西破了，买新的就好，可是孩子内心跟这个物品早就建立了联结，你这样做，只会让孩子伤心。

我记得自己读中学时亲戚送了一辆自行车给我，它陪着我穿过了很多的乡间小路，遇到坎坷的地面，我都为自己的这个朋友心疼，还常常在无人的小路上跟它说话解闷，不小心摔到沟里，拍拍身上的灰尘，还要跟他说声对不起。

后来我读高中去了，这辆破旧的自行车就放在楼上，覆满了灰尘，但我知道它一直在那里。

有一天我上楼时发现它竟然不见了，赶紧追问奶奶。她漫不经心地说："卖了，卖给收废品的了。"

"为什么不跟我说一下？"

"就一辆破车，当废品卖了挺好的。"

我当时内心非常难受，感觉一个好朋友被抛弃了一样，气冲冲地跑了出去。

大多数父母就是经常这样，忽视孩子内心的想法，用自己的感受来代替孩子的感受，而且还常常怪孩子不懂事。

如果父母能够站在孩子的角度，与孩子感同身受，对孩子来说，那是多么好的事情。

每次看到大人们对自己的孩子说：

"没事，我给你买。"

"没事，过几天就好了。"

"真是的，总是喜欢哭，真不知道你哭什么。"

"你真的无法理喻，我不管你了。"

"再闹，我就打人了啊！"

我就为这个孩子着急。

为人父母，如果知道"同理心"这三个字，亲子关系应该就会更加亲密，孩子也会更加配合你的教养。而你也不会总是被情绪左右，成为一个满是抱怨和愤怒的父母。

想象一下，假如你掉进了一个枯井，陷在黑暗里瑟瑟发抖。你是希望有一个人也爬到井底，告诉你"我明白你的感受了，我陪着你，你不孤单"，还是希望，有一个人站在高高的井口，对你喊"天哪，你看起来好可怜啊！"

我想大部分人都会希望有人站在自己的身边，理解自己，陪伴自己吧。对待孩子，对待他人，不也当如此吗？

不要总是跟孩子讲道理，他们更需要你的理解。

有一天，儿子从外面回来，跟我说要看动画片。但是饭菜已经上桌，我说我们先吃饭，吃完饭看30分钟。可是他怎么都不听，因为上午答应他下午回来可以看一会儿，但必须得吃饭才行，冬天的饭菜很快就会凉。

我起初有一点儿火气，但是看着生气的孩子，心想我可不能再火上浇油了，还是站在他的角度想想吧。于是我在他的面前蹲下，他一脸不高兴地推开我。我又把自己的想法说了一遍，希望他能先吃饭，但还是没用。

孩子被情绪左右的时候，耳朵是听不进道理的，但是他们的身体是敏感的。所以我跟他说："爸爸抱抱！好不好？"这时他半推半就地凑了过来。我抱起他，跟他说："最近重了好多，爸爸都抱不动了。爸爸知道你现在心情很不好，你非常想看动画片对不对？你也不希望爸爸批评你，可自己却又控制不住，对不对？"

他点了点头，变得平静了很多。

"来，爸爸带你去洗手，我们一起去！"

这时候他就非常配合，一起去洗手了。因为我没有继续去说理，而是去理解他。

有了父母的理解，每个孩子都会变得懂事而配合。特别是青少年时期的孩子，他们遇到的心理及生理上的问题急剧增加。有时往往超出他们的能力范围，无法处理。如果父母只是说教、责骂，只会把孩子推远。相反，如果我们也像个孩子一样，陪在孩子身边，站在他的立场和角度，那些原本让人发火动怒的事情，就会变得非常容易处理了。

父母的同理心，往往会保护好孩子的同理心。而父母没有同理心，就很难养出有同理心的孩子。

我们从孩子们的交往中会发现，有的孩子很受欢迎，因为他们总是能事事为对方考虑，而且能交到可以推心置腹的好朋友。而有的孩子却总是交不到朋友，哪怕他总是有很多零花钱或者好的玩具，也交不到真正的朋友，这往往跟孩子的同理心缺乏有关。

其实孩子天生就有同理心，只是有时候被父母给破坏了。有很多父母，为了孩子不被欺负，能做一个聪明人，每天不厌其烦地教孩子怎么去衡量利弊，把一堆人生的大道理灌输给孩子。而这样做的后果只能是让孩子成为一个不受欢迎的人。

曾经看到一个小故事：有一个孩子，他的奶奶年龄大了，老人害怕死亡，对小孩说："奶奶快要死了"，别人都会说："哎呀，你会长命百岁，你不会死的。"小孩说："呀！那我可舍不得啊！"

多么让人感动的一句话，因为再多无济于事的安慰，终究抵不过一句动情的真心话。

父母在养育孩子的路上，最应该保持的就是孩子最原始的真诚，而前提是父母首先要成为一个真诚的人，因为只有真诚的人才会拥有这份同理心。而拥有同理心的人不管是育儿还是育己，抑或是家庭及婚姻，都能得到更多的幸福，也能够帮我们更好地理解这个世界。

你越禁止，孩子越想要做

❶

有个妈妈曾跟我抱怨说，孩子自从上学之后就不是以前的乖宝宝了，经常会跟自己唱反调：不准看电视，他偏要看；不许玩手机游戏，他偏要玩；不许太晚睡觉，他偏偏要熬很久。

结果是她每次都要大发脾气，孩子怕打才不得不听，但是第二天又是这样，她感到非常疲惫和痛苦。

而她的困扰也是很多父母共同面临的问题。

在养育孩子的过程中，我们都会发现这样一种情况："你越禁止，孩子越想要做。"

②

为什么会这样呢？还是跟父母的养育方法息息相关。

你为什么要在孩子的世界里费尽全力做一个控制者，而不是一个守望者呢？如果父母在孩子小的时候就明白这个道理，孩子就不会有这么多的问题了。

心理学家阿德勒在《儿童的人格形成及其培养》一书中提出了一个重要的理论，它可以很好地解释这个问题。

"人性的一个最重要的心理事实，就是人们对优越感和成功感的追求。这种追求自然是与人的自卑感有着直接的联系。"

你可能会说，这个理论看起来好像跟上面的问题没什么关系啊？实际上它揭露了很多孩子为什么会有这种行为的心理动机。孩子的心理很多时候就是在优越感和自卑感中徘徊，好像跷跷板的两端，而父母的爱决定了哪一端会重一点。

作为父亲，对于这一点，我深有体会。和所有的孩子一样，我那快4岁的儿子，一直追求优越感，想变得更好。我记得带他去菜市场买菜，站在一个卖熟食的柜子前。因为他个头不够高，看不到柜子里摆的鸡翅和鸡腿，总是要求我抱他看一眼。

我告诉他："你如果好好吃饭，坚持锻炼，就能长得高高的，就能自己看到，你得加油哦！"

说者无意，听者有心。没想到，接下来每次去那里，他都要踮起脚，扶着柜子，然后叫道："快看，爸爸，我长高了一些，上次我还看不到，现在我看到了！"

如果我及时鼓励和肯定，他会显得很满足，而且充满自信。如果说那有什么的，你还是很矮，就会让他感到自卑，有一种挫败感，吃饭和锻炼的兴致都不会太高。

小男子汉还特别喜欢展示自己的力量。有一次他看到一个大大的快递箱子，就想去搬，我就说："不能搬，你搬不了的。"没想到他一定要搬，幸好里面的书不重。

他搬了几步，放下来跟我说："我力气大吧！"

"真不错，但是下次还是先试一下，不要太猛，小心受伤啊！"

如果只是禁止，没有去理解孩子的心理动机，也没让孩子明白你的想法，孩子肯定不会听你的。

有一个妈妈跟我说，读小学的儿子经常干一些冒险的事。比如每次看到双杠，都要爬上去，看得她心惊胆战，生怕孩子出事。每次她都会严厉禁止，但是孩子还是会一逮到机会就爬上去。

孩子这样做无非是喜欢冒险的天性使然，而且他知道这样还能得到母亲急切的关注，同时能证明自己的勇敢。这都是孩子心里想要的。

在没有看到危险的后果时，他怎么会觉得自己的行为有妈妈说的那样危险呢。如果能够给孩子读几个这样的危险案例或者跟孩子描述后果，而不是单纯地说"危险，不能爬！"哪怕你说会摔断腿他们都不会觉得害怕的，反而你越禁止，他越想要做。

孩子沉迷电视或者电子产品的问题，困扰了无数的父母。但是，在这个时代，想要禁止孩子不去接触电子产品是不可能的。你在家里禁止了，能够保证孩子不在学校接触到？或者在朋友亲戚家不接触？

我们不可能限制孩子的生活，他们属于他们自己，属于这个世界。

到底要不要禁止孩子看电视呢？我的答案是，不要禁止。我从来不提倡禁止孩子去做一件他能够做的事。我自己小时候就是这样过来的，深知被禁止时心里的那种痛苦。

我小时候村里就几部电视机，报纸、书籍少得可怜，能够接触外面世界的唯一机会就是看看电视，而我奶奶那时候是不准我看电视的，她觉得那是浪费时间，因为我一看电视就什么也不做了。所以我只能抓住一切机会，想尽一切办法看电视。有时候还趁她睡了，偷偷跑到小伙伴家里看。

不过，那时候节目有限，播放时间也有限。即便看得再多，也没有现在的孩子看得多。如果真的放任不管，如今一个孩子每天看七八个小时也没问题。如果孩子会用网络，甚至24小时都能看。这个想想确实是很可怕的。

对此，我们要做的不是禁止，而是引导。如果什么都禁止了，那还要教育干什么呢？引导最好的方法就是定规矩，帮他挑选节目，一起约定时间。

我家孩子2岁多的时候爱看天线宝宝，每次看10多分钟。因为那个动作缓慢、有点儿呆呆的天线宝宝是很适合小宝宝的。现在他能够看《龙猫》《黑猫警长》这一类的故事动画片，也看《恐龙》这类纪录片。当然每次要分段看，因为一整部电影的时间太长了。

因为他没有尝到被禁止的心里痛苦，所以只是会去考虑什么时间看，看多久，看哪个节目的问题。有了充分的自主，就不会沉迷了。

对于手机，我也没有禁止，但是他不会去玩，因为我跟他妈妈的手机上都没有游戏。

有一次他在我怀里，滑动着我的手机屏幕，然后问："爸爸，你都不玩游戏啊！"

"是啊，以前玩过的，但是我做了爸爸之后，要带你，要读书做事，没时间玩了。"

"哦！"

没有玩手机游戏的环境，没有带他们玩的人，就不会有沉迷于手机游戏这个问题。

而对于电脑我是鼓励的。我写东西时，他会坐在旁边看。我会告诉他，电脑能帮我们做很多事，能查资料，能打字，还能播视频。他有时候也会拿我的笔记本按一按，我会告诉他怎么控制鼠标。

有些东西，完全可以让孩子接触，就好像硬币的正反两面一样，其作用是积极还是消极，完全掌握在父母的手里。

和孩子一起制定规则，告诉孩子某些行为的后果，而不是一味地禁止，这样孩子会感受到尊重，还能养成自律的习惯。

和孩子保持始终亲密关系的秘密，就在于父母必须真诚，你要让孩子真切地感受到你的关心，而不要总是想着去控制孩子，也不要担心其他人怎么看你。

为此，父母首先要做的恰恰是管理好自己。因为孩子是父母开出的花，是父母的一面镜子，孩子的问题大多数都源于父母。如果你每天读书、学习、努力进步，何愁孩子不努力？而整日不归家，有时间就玩手机的父母，又如何能养出一个自律向上的孩子？要知道，你唠叨一千句，不如一个榜样有用。

很多父母也想读书，但却不知道读点什么，我认为三种书很适合父母读。一是心理学方面的书，不仅能帮助你认识孩子，还能认识自己；二是历史人文类的书，看看那些历史上教育孩子的经验教训；三是儿童绘本，和孩子一起读书，不仅能加深亲子关系，还是一段美好的人生经历。

为人父母，是一场生命的修行，你的一言一行将带给孩子深远的影响，而孩子则会让你的生命变得更加完整，当你真的做好了，很多问题自然就会消失。

失望过的孩子，更不愿等待

1

很多父母都有这样的感觉：孩子越大，越难搞定。所以我们常常听到父母无奈的近乎绝望的声音：

你能不能不要天天玩手机游戏？

你能不能不要一边看电视一边吃饭？

你能不能不要总是在外边打架？

可以安静一点儿吗？

可以少吃一点儿零食吗？

可以不要买这么多玩具吗？

……

一个周末，我因为还有一点儿空，所以一个人在书房看一部很早就想看的电影。儿子就跟奶奶在客厅里看动画片。平常是规定了看电视时间的，如果孩子没有遵守，我会提醒，那天我自己在看就忘了。

结果当我说超时了，要他关电视机时，没想到小家伙直接来一句："爸爸，你不是也看了很久吗，为什么我就不行？"我也是一时语噎。

我知道孩子总是在看着我们，学着父母的行为。特别是男孩子，喜欢模仿父亲的一举一动。所以我不想一边玩着手机游戏一边教育孩子说玩手机不好。也不能自己看着电影电视剧，要求孩子不要看。更不能自己当着孩子的面发着脾气，然后告诉孩子要好好控制脾气。

父母没有自律，就无法让孩子自律。要求孩子时，我们一定要先想到自己是否达到要求。

很多时候，你要孩子自律，其实就是希望孩子听话乖巧顺从，自己省事，却忽视了孩子内心的感受。往往不经意间就伤害孩子的自我独立意识，最后成为父母的附庸。这样的孩子是很可怜的。唯有培养孩子真正发自内在的自律，才是真爱。

孩子的自控力并非天生，往往源于后天的环境。特别是父母本身是否信守承诺，是否能够以身作则。

在二十世纪六七十年代，斯坦福大学心理学家 Walter Mischel 进行了一系列著名的"棉花糖"实验。他招募了几百名4岁的孩子，研究人员把他们带进一个房间，房间有一张桌子，桌子上放着一颗棉花糖。研究人员告诉孩子，自己有事情要离开一会儿，如果他回来的时候，孩子没有吃掉棉花糖，那么就可以再得到一颗棉花糖作为奖励，如果吃掉了，则没有奖励。

结果，有的孩子甚至在房门关上后几秒钟就迫不及待地吃掉了，有的等了1分钟，有的等了5分钟，有的等了13分钟，但还是没能忍住。

而那些一直忍住没有吃的孩子，他们也在看着棉花糖，有的也会舔上一口，但始终不会将糖吃掉。有些孩子会通过唱歌、踢桌子、闭眼睛来分散自己的注意力，直到研究人员回来。

14年后，参加过棉花糖实验的孩子，都已经进入高中，Mischel给他们的父母和老师发去了调查问卷。结果发现，忍不住吃掉棉花糖的孩子，普遍具有行为问题，无论是在学校或家里都如此。他们的SAT成绩也较差，不擅长应对压力，注意力不集中，交不到朋友。而能够等待15分钟的孩子，比只能等待30秒钟的孩子，SAT成绩平均高出210分。

在孩子们进入而立之年后，也出现了明显不一样的表现。那些不能够忍耐和等待的孩子，成年后更容易体重超标，沾染毒品。而擅长等待的，则普遍取得了更大的成就。

通过这个实验可以看出，能自我控制的孩子变得优秀的概率更大，但是却看不出是什么决定了孩子的自我控制能力。

后来，罗彻斯特大学的Celeste Kidd，改良了这个实验。在引入棉花糖实验之前，她将孩子分成A、B两组，同时让孩子们和她的同事一起画画，旁边放了一盒用过的蜡笔。

有一位同事会告诉孩子们，"他们现在可以用这些旧的蜡笔，或者稍等一下，她会去拿一些全新的更漂亮的蜡笔"。几分钟后，A组的那个成人拿着全新的蜡笔回来了；而B组的成人空手回来，和孩子们道歉，说："对不起，我记错了，我们没有新蜡笔了。"

同样的情况又重复了一遍，这次是许诺有新的贴纸，同样地，A组的孩子得到了新的贴纸，而B组的成人再一次道歉。经过这两次前期的热身后，Kidd开始引入了棉花糖实验。结果非常令人震惊，A组（也就是成人两次都兑现承诺的那组）的孩子通过测试的比例要比B组的孩子高出四倍。

通过这个试验我们看到，孩子的自控力并不完全是天生的，而是后天获得的，它和孩子的父母是否对孩子信守承诺有很大的关系。

要让孩子养成推迟满足感的习惯，就必须让他们学会自律；要让他们树立自律意识，则必须要让他们对安全感产生信任，而父母的以身作则是最重要的影响因素。

我曾见过一个非常让父母头疼的孩子，她和周围的小朋友都很难相处，因为只要见到想要的东西，必须马上拿到手，哪怕是别人的玩具，哪怕大人承诺说买一个给她，不管说什么都不会松手。

为什么会这样呢？因为她的奶奶经常哄骗她。比如为了让她回家，而她又不想回去，想继续玩。她奶奶就会抱起她说："你妈妈回来了，给你买了好多好玩的，快点回去。"刚开始我发现她很乐意回去，当然她妈妈根本就没回去。

再比如，她奶奶会说："我们先回去，等一会儿就来。"结果从来没有等一会儿就来这回事。

大人以哄骗为乐，孩子已然分不清哪句话是真的。后来，我发现这个奶奶无论说什么，孩子都不听。结果就是被强行抱走，完全不管孩子哭闹踢打。

几乎所有说不通的孩子，都有过被大人无数次哄骗的经历，只是小小的他们不能讲述内心的感受而已。

有妈妈说，有时候是我忘记了兑现承诺，而且后来也给孩子道歉了，可为什么还是不行呢？

千万不要以为道歉能解决问题。父母如果没有从基本的态度上进行反思，并且去改变的话，无论道歉多少次，孩子也将不再信任你。因为他们觉得即时满足才是实实在在的，等待只会被忽视。所以，你给的零食他恨不得一口气吃完。你打开电视机，他不相信吃完饭给他看的承诺，所以你关机他就哭。

失望过的孩子，更不愿意等待。这样长大的孩子，又能寄予什么期望呢？

有一句话说得非常好：与其喊破嗓子，不如做出样子。

父母破坏规则，孩子就会轻视规则。父母要求孩子做到的，自己必须先做到，否则就无权要求孩子这样去做。

父母真正付出了，孩子是能感受到的，最怕的就是有的父母明明不愿改变，但是却跟孩子说我爱你。比如因为生气，却迁怒于孩子，一顿打骂之后又跟孩子说："我爱你，对不起"。

孩子只能选择原谅你，因为别无他法。但是如果你的爱总是虚妄的口头承诺，面对出尔反尔的你，孩子终将不会再信任你。到那时，你的承诺就将变得一文不值，你的管教也会变得毫无用处，甚至充满了讽刺意味。

自律的基础是自我肯定，找到自我价值，并为之努力。对一个孩子而言，要完成这样重要的心理成长，没有父母的用心是无法实现的。

我们常常会把时间花在自己喜欢的东西上，比如自己喜欢的物件，只要你喜欢就会细心保管、呵护，几年后还是和新的一样。我们种植花木，也会常常为它浇水施肥。物且如此，对于孩子，不是应当花费更多的心血去陪伴吗？

自律的孩子，面对这个复杂的世界，能更多一份自信，内心也更自由，这是父母送给孩子的一份心灵礼物。而自律的父母收获的将远不止这些。

有安全感的孩子，一生都幸福

有一位妈妈给我留言说：我真的很后悔，那一次因为自己生气了，将吵闹不听话的四岁儿子关在了门外。自从那次之后，孩子就变了，之前能够独立睡觉，现在变得不敢自己一个人睡了，也比以前更加黏自己了。每次看到他那生怕被抛弃的眼神，我就后悔万分，请问有什么办法帮孩子找回安全感？

现在很多人都在强调安全感，不光是孩子，成年人也需要有安全感。但是安全感到底是一种什么样的感觉呢？

安全感或许每个人都会有不同的理解，对我来说，我觉得就是小时候自己一个人在黄昏时分坐在门口等爸妈回家，哪怕有人说你爸妈不回来了，我还是坚信他们一定会回来的感觉。是家里没电，也能在漆黑的房子里走动，知道自己伸出手就能摸到房门的感觉。是成年后，哪怕和另一半暂时分开，也能内心平静，全力投入当下的工作和生活的那种信任的感觉。

其实安全感就是生命的底色，它深深影响着每个人的存在状态。一个人只有在拥有基本的安全感后，才可能放松下来，更多地体验到轻松、愉悦、自在、欢乐等美好情绪。否则就会挣扎在恐惧当中，耗费巨大的能量去寻求安全感，很难有精力和心情真正地享受生命。

人的安全感从刚来到这个世界上就已经开始建立，年龄越小时，安全感的状态越重要，对人一生的影响也越大。而孩子的安全感最重要的来源就是父母。在我们出生的那个原生家庭里的一切经历，决定着这种安全感的建立或毁灭。

婴儿期建立安全感，将影响孩子一生。研究"依恋"的美国心理学家曾说："在婴儿期没有建立强烈和安全的依恋关系的孩子，一生中都将缺乏和他人建立深入而亲密的人际关系的能力。"虽然这样的论断看上去有些绝对，但通过实验，科学家们发现，在婴儿时期与父母建立了良好依恋关系的孩子，到3岁半时社交能力比未曾建立良好依恋的同龄儿童更为活跃，更容易受到同伴的欢迎和追随，更富有同情心。

在0~3岁，特别是刚出生的那一年的母婴关系，这种最初的生命感受和体验，对孩子安全感的形成至关重要。

有一位教育学者长期观察儿童与成人的关系，以及儿童早期的带养情况，逐渐意识到一个人的社交能力源于生命早期母亲对他的呵护，换句话说，就是母婴关系其实决定了婴儿日后的社会关系。

一个婴儿，在生命中的第一年，母亲应该为其提供子宫般的成长环境。这个子宫般的环境，既是外在可见的环境，比如温暖的家，温度合适、光线合适，也包括母亲每时每刻的陪伴，尤其是睡眠时的陪伴。

在3~6岁，孩子的安全感往往会通过一些社交活动体现出来，最重要的就是与小伙伴们的游戏。我们会发现一个安全感基础奠基良好的孩子，他的内在才有力量，他才能顺利地从母亲的怀抱中走出来，走向更广阔的世界，并拥有独立的人格。

那些黏人的孩子，那些没有力量的孩子，那些在一群孩子中很难自由放松的孩子，他们的语言表达能力往往都不强，很难同其他孩子合作。有些母亲为了帮助孩子发展社交能力，硬是把孩子往人堆里推。但通常是，越推越推不出去。这些孩子的问题就出在缺乏安全感上。

对于如何培养孩子的安全感，我总结了6条，或许能够给大家一些借鉴和启示。

1.永远不要让孩子有被抛弃的感觉

很多父母喜欢说："你再这样，我就不要你了。"有些还不只是说说，还真的把孩子丢在大街上，一个人走了，留下孩子在人群中大叫。还有些把孩子推到屋子外面，大门紧闭，用抛弃来威胁孩子。

很多时候，父母的态度对孩子而言是生死攸关的大事，特别是被抛弃。这是没有哪个孩子能够接受的，因为造物主将孩子塑造成小小的模样，可爱而柔弱，送到我们的手中，是需要我们好好去爱的，他们的内心也需要这样的关爱。

所以永远不要以抛弃、不理睬来威胁孩子。无论在什么情况下，都要让孩子清楚地意识到父母是永远不会抛弃他的，哪怕是要长时间地离开，也要让孩子感受到，爸爸妈妈的心与你永远连着，这样孩子就能建立起最重要、最基本的安全感。

2.你的累和委屈，千万不要发泄在孩子的身上

父母对自己的情绪处理不当，一定会影响孩子的安全感。我相信大部分人都发过火，包括我自己。每次我们反观一下，就会发现我们发火的样子真的好恐怖。卢梭形容父母发火的状态是"生病了"，至少是情绪管理上的一种病态。

看到父母发火，孩子的本能一定是害怕，然后会觉得自责和内疚，是不是自己做得不好？爸爸妈妈会不会不爱我了？那些懂事而敏感的孩子受到的伤害会更大，他们的内心会重新定义自己的价值，觉得自己没用，总是让父母生气。

如果父母的情绪总是变化无常，孩子就可能会变得小心翼翼，做什么事都缩手缩脚，因为他时刻担心自己做错了，长期下去就会变得自卑。

所以，无论你觉得如何辛苦和委屈，都不要把情绪发泄到孩子身上。因为在宽松的环境下长大的孩子才更容易懂得感恩，而他的天真不也正是给你带来快乐，抚平你内心辛酸最好的良药吗？

3.千万不要在孩子面前吵架

在孩子的心里，爸爸妈妈是同等重要的，但是如果一方常常在孩子的身上施加影响，无形中就会使孩子偏袒一方。这样的家庭是不幸的，孩子也会深受其害，因为他无法得到完整的爱。

　　夫妻之间偶尔吵架是不可避免的，但如果需要通过吵架才能解决某件事，那就关起门，换一个地方吵，不要当着孩子的面吵，更不要问他，如果我跟爸爸（妈妈）离婚了，你想跟谁过？尽量把日子过好吧，毕竟父母的恩爱，轻松温馨的家庭氛围更能让孩子养成阳光品质。

4.不要嘲笑孩子，哪怕你是无心的

　　有一天中午，孩子睡觉时跟我说："爸爸，我不喜欢你了！"

　　"为什么？"

　　"因为你嘲笑我！"

　　"我什么时候嘲笑你了，我记得没有啊！"

　　"有！"

　　"什么时候？"

　　"上午的时候，你说我是吸血狗！"

　　"哦！"

　　"对不起，宝贝，爸爸开玩笑的，真的不是嘲笑你，爸爸以后再也不会说了！"

　　原来是上午他扮演吸血鬼去吓奶奶，匍匐在地上，我当时无意间开了一句玩笑，你这只吸血鬼好像一条小狗啊！叫你吸血狗吧！当时他背对着我，我没注意他的表情，但是爷爷奶奶和我都笑了。如今想起来，他是难受的，感觉到了被嘲笑。

当然，一次不过火的小玩笑不会有很大的伤害，但是我们还是要有意识地避免在孩子的身上开玩笑，更不要挖苦、讽刺孩子，谁都不喜欢自己有缺点，哪怕是很小的孩子。

父母的无心之言往往会让稚嫩的心背上沉重的压力。而且孩子会模仿我们，当他小小的心里装满了敌意和反抗时，自然就会去伤害其他人。

5.不要吝啬对孩子的夸奖

我们中国人都比较谦虚，有时候孩子得到了表扬，父母特别是爷爷奶奶马上就说："哪里哪里！我们家这个家伙真不是你说得这么好，其实他……"然后说一堆孩子的缺点出来。我们常说的"人前教子"恰恰是错误的，孩子们也有很强的自尊，就算全世界都抛弃了他，至少你要坚定地站在他的身边，给他肯定，这是他最温暖的阳光。

给孩子最大的疼爱，其实就是学会欣赏孩子，灵魂平等地与孩子对话，不要让他觉得处处受到你的控制。

6.学会温柔地拒绝，而不是蛮横地控制

有个妈妈跟我说，孩子只要去超市，盯上了自己想要的东西，就必须要买，否则就哭闹，躺地上，周边的人都投来异样的眼光。答应他吧，只怕放纵了他。拒绝吧，又怕伤害他的安全感，怎么办呢？

这个问题看上去还真棘手，孩子躺地上哭闹，基本上就属于陷入失控状态了。之所以发生这种情况，恐怕还是要从父母身上找原因。

孩子在刚开始使用哭声表达需求的时候，会发现一个神奇的现象：大人怕自己哭，只要一哭，要什么有什么。他们会觉得能够用哭声控制周围的一切。如果平时父母能够让孩子明白，即使哭闹也无法满足他那些不正当的需求，这种事情就不会发生。

小小鱼也曾用过这样的方法来试图控制我。有一次在超市，他因为我没有给他买那个他看中的电子游戏机而哭闹，一个2岁多的孩子要一个10多岁孩子玩的掌上游戏机，那是不正当的需求，肯定是不能满足的。于是我使用了温柔的拒绝方法。

面对哭闹的他，我让他先哭了一阵，表达一下他的不满和委屈。然后我蹲下来，告诉他，爸爸也喜欢这个游戏机，但是这个游戏机是大孩子才能玩的，小小孩不能玩。如果你真的喜欢，等你长大一点儿，爸爸就送你一个。这个时候他变得平静了很多，因为父母的理解会让孩子愿意接纳你的意见。

然后，我轻轻地抱起他，去了下一个购物区。

面对他的哭闹和坚持，我其实也是很想发脾气的，但是我不断告诫自己不能发脾气，我相信局面一定能控制住。

当我们温柔而又坚定地执行规则时，孩子就会知道必须这样做了，不再纠缠。这种方式不会对孩子的安全感和自尊造成负面影响。这样的温柔拒绝，远比当时打孩子一顿，或者将孩子丢在那儿自己一个人走掉来威胁孩子要好得多。自己不会因为怒火上冲而教育无效，孩子也不会遭受心灵的折磨而失去安全感。

这些破坏孩子安全感的话，你或许也说过

1

童年的经历，会影响孩子的一生。儿时经历的恐惧、创伤和被忽视，会直接影响大脑的发育，从而影响孩子成年后的性格和行为。

孩子建立安全感是一件很难的事，但破坏却只是一句话的事。为人父母，有些话一定要少说，最好不要说。

下面的一些话，你是不是对孩子说过呢？

"你怎么这么没用"

有一次带儿子去公园玩，看到几个小朋友在沙堆里争玩沙的工具。有一个四岁多的孩子因为性情比较温和，看上去就不擅长争抢，所以他的铲子还被一个比他小的孩子抢去了。

这时他就哭着找妈妈。没想到妈妈怒容满面地跟他说："你怎么这么没用啊！真是笨，每次都这样，就知道哭哭哭！哭能当饭吃啊，活该被欺负。"

那个被骂的孩子站在那就像木头人一样。

那个抢了东西的孩子也跑到了妈妈身边。

这个妈妈跟他说："宝贝，把这个铲子送给那个哥哥玩一下好不好？"

"不行，是我的。"

"我知道它是你先拿到的，但这是公共的地方，大家都能排队玩，要分享哦！"

"不行，不给！"

"好吧，那你先玩一会，等会再说吧。"

这个孩子开开心心玩去了。

过了一会他就跑到那个哥哥面前，把铲子给他，而这个孩子怯生生地瞧了妈妈一眼。

"给你就拿着啊！这也要我教啊！"更是怒气冲天。

面对自己的孩子跟其他孩子争东西时，输了本来没什么，哭哭也就好了，但是父母的指责，却给他们带来很大的伤害。

温和的性情被赶进了自卑的深渊，打上了"没用"的标签。背着这个标签的孩子，还会有信心去面对复杂的世界吗？他们往往更容易选择躲进父母的怀里，或者把自己锁在角落里，安全感被一点点吞噬。

当你责备孩子没用的时候，不要咬牙切齿，恨铁不成钢的样子。其实很多时候，你发火只是觉得自己脸上挂不住而已。很多父母觉得孩子是自己的作品，作品好就脸上有光，孩子没做好，就觉得自己没面子，却常常忽视了孩子也是一个需要尊重的独立的个体。

②

"妈妈不要你了。"

如果要找一句话瞬间把孩子吓哭，非这句话不可。

很多父母会威胁孩子："不听话就不要你了"。然后孩子马上就吓得脸色大变，赶紧做服从状。这时大人心里就乐呵了，觉得这方法管用。

而很多时候，周边的人也会这样逗孩子。

记得有一段时间儿子在乡下奶奶家。我妈的一个朋友逗儿子说："你妈妈不要你了吧，怎么都不带你玩啊？"

当时儿子没有理会，她就连着说了好几遍。

我听到心里很不舒服，但碍于情面，只能去把儿子拉开。然后带到房间里，跟他说："妈妈是最爱你的人，跟爸爸一样爱你。那个奶奶乱说的。"

"我知道啊，所以我没说话啊！"幸好小家伙内心够强大。

我们都知道哪有妈妈不要自己孩子的呢？所以觉得开开玩笑是没有关系的。可是孩子真的会信，他们无法了解人内心的复杂感情，只能看到你的表情和动作，很容易把你的话当真。

2岁以前的孩子，非常依恋自己的父母。他们从父母那里得到心理上的安全保障，支撑他们去勇敢地探索外部世界。所以如果父母用假装遗弃孩子的招数来管教孩子，或者常常有外人开这种玩笑，孩子就会缺乏安全感，感到焦虑，甚至会讨厌妈妈，抵触妈妈。

当孩子对父母的依恋被否定，甚至被切断，孩子就会难以与其他人形成稳定亲密的关系，反而容易情绪多变，具有攻击性。

3

"你不这样做，我就不高兴了啊！"

这是我们经常看到的一个场景，在我们中国式聚会中屡见不鲜。

记得有一次放假，去一个亲戚家，几个孩子在一起玩得很开心，大人们也聊得很起劲。突然有一个眼尖的人瞧见了阳台处的一架钢琴。主人说孩子最近在学琴，还不错，而且兴冲冲地把孩子叫了过来，要他给大家弹奏一曲。

当时孩子是想跟小朋友一起玩，就在那扭扭捏捏地不情愿。这时候妈妈就拉下脸来说："你不弹的话，妈妈不高兴了啊！"

听到妈妈这话，孩子只好一步一步地挪了过去，坐在椅子上弹了一曲。

多少孩子就是这样"被服从"！讨好父母竟然成为很多孩子刻意去做的事。其实，孩子亲近父母是最自然不过的，可有的家庭，孩子却失去了自我，宁愿牺牲自己的需求，去博取父母的欢心。这样的孩子，长大后也往往会忽视自己的感受。

在长篇小说《无声告白》里有一句话让人深省："我们终此一生，都是要摆脱他人的期待，找到真正的自己。"

　　如果当孩子小心翼翼地表达自己的情绪或者需求时，得到的回应往往是：只有表现好了，达到了父母眼里所谓的"标准"，才会给予他回应或者一个拥抱，甚至父母把一个拥抱都作为换取孩子听话的筹码。这样的孩子真的就非常令人担忧了。

　　我们对孩子的基本态度应该是守望和陪伴，而非控制。人的喜怒哀乐，爱与憎，都应该发自本心，而非只为了另外一个人的期待。这样的人生，才是属于自己的。

"你知道我为了带你吃了多少苦啊！"

这是非常伤孩子的一句话。内心的匮乏感是很多人没有安全感的心理原因，而很多问题在小时候就已经生根。

因为在孩童时代，我们会第一次发现钱的重要，也会发现贫与富的差距。有的孩子小小年纪就为此忧心。

可内心的匮乏感并非因为贫穷的生活境遇而来，一个在贫穷的环境下心灵快乐的孩子一样能变得非常出色。在《佐贺的超级阿嬷》里，小主人公受着乐观的外婆的影响，就算穷，也很快乐。

贫与富关键在于心灵的感受，家庭的影响非常重要。养育孩子的那个人整日愁眉苦脸地跟孩子抱怨生活不好，甚至自暴自弃，这样的孩子常常会感到惶恐不安。

记得以前看过一个心理咨询的案例。本来乐观的孩子变得不说话了，但是很懂事。妈妈发现孩子每天帮忙拖地，孩子会连一根细小的头发丝都不放过。而爸爸只要把啤酒瓶子重重地放在桌子上，孩子的眼里就充满了恐惧。

后来孩子的妈妈说出了这个变化的原因，因为爸爸常常酗酒，酒后就打妈妈。而这个妈妈就常常跟孩子诉苦："你知道我为了你吃了多少苦，如果不是你的话，我早就跟这个酒鬼离婚，远走高飞了。但是怕养不活你，所以我只能忍着。"

一个对丈夫忍无可忍的妈妈，在痛苦的时候跟自己的女儿这样诉说。孩子被吓坏了，只想着帮妈妈做事，生怕妈妈真的走了，把自己一个人留在这个恐怖的家里。

很多时候，你以为你只是说说而已，但是在孩子敏感的心里，可能就种下了恐惧的种子，影响他一辈子。心灵上的伤害，是难以磨灭的痛。

很多人说孩子贪得无厌，什么都想要。是不是都要满足呢？其实孩子真正的需求并不多。只要我们真诚地面对孩子的需求，从最初的时候就尊重并呵护这个小小的生命，有了规矩和好的习惯之后，你会发现孩子的心是那么纯净而容易满足。而他们最需要的是父母给予的尊重和爱，这是培育孩子内心安全感的土壤。这种安全感正是支撑孩子人格发展的基础。

孩子磨蹭，因为你一直催催催

①

很多父母每天都是这样跟孩子"作战"的。

快点起床，为什么穿衣服这么慢？

快点刷牙，为什么挤牙膏要这么久？

快点出门，为什么穿鞋子这么慢？

快点吃饭，为什么一口饭要咀嚼这么久？

快点睡觉，为什么闭上眼睛这么难？

快点，快点，快点……

我发现自己最近也会催促孩子。冷静地思考后发现原因在我：是我太急了，总是在催。

因为往往事情一多，我就急了起来。而一切安排妥当，我看着他慢慢地把杯子装满水，然后又慢慢地把牙膏挤出来，也不着急了，反而会欣赏起孩子的慢动作。

我们总是有太多的催促，因为我们希望孩子像自己一样，但是他们毕竟是孩子，小小的手，小小的身体，很多事情做起来要慢很多。着急和催促反而不断地将自己的焦虑装进孩子的心里。

你越急，世界就越慢。记得一个周六，我带着孩子去外边玩累了回家，之后两人从三点多开始呼呼大睡，一直睡到了下午五点多，猛然想到晚餐的菜还没有买，于是赶紧叫醒儿子，穿衣，下楼。最关键的是口袋里还没有钱，还要去银行取钱，于是又飞奔去银行。

在菜市场也是匆匆疾行，平时习惯了排队过秤的我，开始变得急躁，卖鱼的老板生怕顾客走了，一直在给新来的顾客挑鱼，称好的鱼就摆在那儿，因为和老板太熟，所以不忍催他，但我心里已经开始在默念"快点，快点……"。

卖蔬菜的老板收了我10块，说怎么又收了张10块的，然后不慌不忙地从架子下面拿出一个扎了几层的小袋子，慢吞吞地从里面掏出几张钱找我，看到那个样子，我差点儿就说，不要找了，把菜给我。

但是还没有装袋，他为什么能这么慢，太慢了！

我想不清这个下午的世界为什么这么慢！

回去的时候，我觉得自己很好笑，平时也没有觉得他们这么慢啊！他们还是按照自己的速度做着自己的事，整个世界很正常，觉得慢只不过是我自己太急罢了。

孩子为什么慢？有时不是孩子故意拖拉，而是孩子真的不会。他没有办法自己完成，又或者是因为不敢去做，他们害怕事情的结果。

比如，我们家的房门如果没有锁好就会自己打开，我经常犯这样的错误，有几次孩子发现了。他跟我说："爸爸，门开了，你赶紧关上。"

10多秒过去了，"爸爸，门开了啊，快关上！"

"你去关上，爸爸觉得你能做。"

30秒过去了，"爸爸，你快去！"他已经带着哭腔了。

"你为什么不去，快去！"

最后还是我关的。后来我问他为什么不去，他说："因为我怕！"他怕门后面有坏蛋大灰狼。他不是故意拖延不做，而是因为他不敢去做。

所以，怪孩子磨蹭之前，父母自己要先反省：自己是不是太急躁了？给孩子的期望值是不是超过了孩子的实际能力？是不是被"别人家"的孩子影响了？

我们常常能从朋友圈看到别人晒出来的很棒的孩子，还有一些孩子甚至很有天赋，不知不觉就期待自己的孩子能这样就好，所以父母更容易对自己的孩子要求过高。

在父母严格要求的家庭里，孩子不能直接反抗父母的指令，他自己又特别不想做，那怎么办呢？那就拖延吧！慢慢地做。所以拖延行为的本身，就是孩子在用行动告诉你他的心声：他不乐意做这件事。

这个时候，父母就要有方法才行，单纯的责骂绝对不是好主意。

如何帮孩子改掉故意拖拉的习惯，有一个案例非常值得借鉴：

有一天早晨，妈妈眼睁睁看着孩子穿好衣服又在床上伸懒腰，吃饭的时候没完没了地发呆，弄洒了水就慢条斯理地擦桌子，扔个纸巾恨不得用十分钟。等这些事情忙完了，时间已经很晚，注定要迟到了。

以前，妈妈遇到这种情况就一个劲儿地催促，这次妈妈小小地挑战了自己一回，就想看看不催会怎么样。妈妈虽然什么也没做，但内心却是十二分的焦急、不安、气愤。想催又拼命忍住，这个过程自然相当难受，然而不可思议的是，最后的感觉居然是无比平静。妈妈心里在想："迟到就迟到，迟到也没什么可怕的，该我做的我都已经做了，反正老师批评他，又不会批评我。"

在上学的路上，孩子明显着急了，小声嘀咕："哎呀，要迟到了。"然后张罗着给老师打电话。

第二天，妈妈更加潇洒，什么也不说，默默地等着，到了上学的时间，妈妈拎着钥匙下楼，孩子手忙脚乱地带上东西，一路小跑追出去。路上孩子非常担心迟到，堵车的时候，干脆自己下车往前走。妈妈说，这一天，内心完全没有像前一天那样挣扎，自始至终都很平静。

妈妈感慨地说，虽然在育儿书上无数次地看到"父母不着急，孩子会自己负责"之类的道理，但真真切切地体验这个过程，还是觉得很奇妙，尤其是孩子表现出的主动性，让她简直不敢相信。

④

孩子之所以磨磨蹭蹭，很多时候原因还是在父母。每个磨蹭的孩子背后，都有一个不停催促唠叨的家长。

解铃还须系铃人，父母先要改变才行。

首先自己要能够控制情绪，做一个淡定的父母。 只有当你淡定下来，当你不再对这件事发表意见，"迟到"就成了孩子此时心中最重要的一件事，他就会自己着急，自己学着承担，自己学着负责。

学会放手，做一个淡定的父母，让孩子自己去承担后果、直面人生，才不会把自己拉进跟孩子战斗的泥沼中。

其次是要帮孩子树立起时间观念。 因为孩子往往没有具体的时间观念，你跟他说10分钟，他不知道具体有多长。更不知道时间的珍贵，所以你跟孩子说2分钟刷完牙，10分钟吃完饭，孩子就算答应了也不能明白。不妨给孩子买一个计时器，比如沙漏，教孩子认识钟表，设置一个闹钟等。当孩子在规定的时间内完成了，就给予鼓励。

充分的信任和沟通，才能帮你真正解决拖延的问题。 如果事情超出了孩子能力范围或接受范围，父母要降低期望值或重设目标，给孩子适合的，而不是家长认为正确的。有了相互信任，你就不再会有焦躁、催促和责骂，而孩子也会认识到自己的问题，会自己去找方法。

男孩的世界，需要正确的打开方式

为什么那个小家伙怎么看都不像男子汉，有时候比女孩还害羞，比女孩还胆小？

有时候一说就哭鼻子，那委屈的样子，着实让人怜惜。但转眼又是使不完的劲，打不完的架，各种惹是生非。

这其中，尤以冲动、惹是生非最让父母头疼，为什么男孩更具有攻击性，更喜欢冒险，情绪更加容易激动呢？男孩旺盛的活力可以说是天赐的，因为男孩的睾丸素高出女孩15倍之多，而使人情绪平静的血清素，男孩却比女孩要低得多。所以，你不要指望一个男孩能够安静下来乖乖地待一天。

每天傍晚我都要拉小小鱼出去放风。从出门开始，简直就是踏上了风火轮，在广场上更是没停过一刻，要么跑着让我追，要么让我跑他来追。想方设法地搞怪，就是停不下来。

这时就算我再怎么说"安静点儿""不要跑"，也根本没用，尽管我知道这是天性。我唯一能做的是保证他的安全，跟着他一起跑起来。

广场上常常有一些发健身房宣传单的。我指了指前面那个如风的家伙说："每天陪他就能把我跑得累趴下！"这样想，养一个男孩还真省去了一笔健身的费用呢。

有时候，你会发现男孩更加容易愤怒，踢人，揪你衣服，甚至扔东西，大喊大叫。其实这些都是他们成长过程中的正常行为。

由于体内睾丸素的作用，他们无法控制自己，又不知道该如何表达。父母要做的就是接纳他。轻轻地告诉他，应该怎么表达。

比如小小鱼一旦非常生气就会打人，甚至用脑袋顶我。每次我都会蹲下来，轻轻抱住他。如果是我错了，我一道歉他就会马上变好；如果是他错了，他不想认错，我也不强迫，因为我知道孩子这样的情绪表达就是对自己犯的错有了认识，只是嘴上很硬罢了。随着年龄的增长，慢慢地就变好了。

父母要给孩子发泄的机会，允许他喊叫，甚至指定一样东西比如沙发或者沙袋等，让他捶打。

一般人认为男性的情感应该是坚强的，但这其实是假象。男孩看似坚强的外表背后，隐藏着脆弱的一面。男孩在情绪、情感上其实比女孩更脆弱。

　　我们会发现在日常生活中的一点点改变或者妈妈、爸爸稍微严厉一些的口吻，都可能使小男孩变得更烦躁不安。

　　我就发现小小鱼有段时间特别不愿接受挫折，表现得很固执，仔细想想，那段时间他总是近乎魔障一样地坚持一些东西。比如开门。我们家楼下那大门，每次我们出行，必须要由他来开，任何人都不能开。你开了，他就会哭闹，要求你关上，重新让他打开。再比如爬楼梯回家，他永远要做第一个，说自己是第一名，把自己排在最前面才行。

　　这样的固执，其实就是秩序敏感期造成的，真正懂孩子的人都能接受。父母的顺应表达的是一种理解，而非溺爱。

　　最近我发现小小鱼已经不在乎那门由谁打开，走楼梯也不在乎名次了。其

实孩子过了那个阶段自然会好。反而是一些不懂孩子的父母把事情闹僵，一定要孩子听自己的。结果一通权威压制，伤害了孩子的安全感，也伤害了孩子的天性。

面对挫折，男孩不如女孩，从婴儿时期开始就这样。他们更喜欢坚持己见，不愿意接受挫折。有时候他们明明知道自己力不能及，却还是要坚持不断地尝试。

小小鱼那时候自己穿鞋子，总是穿反的。我给他指出，他当时也不接受建议，他说就是要这样穿。他就算知道是错的，也不想屈服。这是孩子自我意识形成的一个重要时刻，他们通过说"不"来表达自己的存在。

男孩子对自己情绪的处理，也比女孩子缓慢许多。父母应该相信我们的小猎人对自己的判断能力，给他一个时间来调整。固执模式下的男孩，得到父母的接纳是珍贵的。如果你硬要他不做某件事，或者强迫他接受你的想法和意见，会让孩子产生真正的挫折感。很简单的事，往往被过度地错爱弄砸了。

④

男孩和女孩相比，在生理发育上要晚一些，在情感上更是如此。所以我们会发现一个有趣的现象：很多小男孩明明力气更大，为什么和女孩一起抢东西时总是会输呢？而且为什么女孩子给男孩子写情书的更多呢？

那是因为他们的情感萌发来得更晚，而女孩更加懂事。比如小小鱼跟小他两个月的表妹在一起，每次争抢东西，基本是输的。就算他力气大，但是不会使出来，男孩小时候综合比起来，有很多地方是不如女孩的。

其实远不止这些，从整体来看，男孩上学之后的适应能力也不如女孩。有研究表明：从上学开始的那一天起，男孩在读写能力发育上就比女孩晚两年。

但是我们对男孩的期待可一点儿也不低。有父母肯定会反对，说自己家的男孩上学成绩名列前茅，不是一些女孩能比的。这种情况肯定有，因为情感细腻，趋于女孩性格的男孩更容易成为学霸。可是大部分的男孩是落后于女孩的，甚至他们的手指神经都比女孩发育得晚，因此让男孩握住铅笔并写出漂亮的汉字更加困难。

生理学研究发现，5岁男孩的大脑语言区发育水平只能达到3岁半女孩的水平，所以相同年龄的孩子，男孩学习起来会吃力很多。

有一次小小鱼和两个小女孩在奶奶家里玩，几个大妈就开始要孩子们表演节目消遣一下。一个平时沉默寡言的小女孩张口能唱能背，她奶奶十分高兴。另一个平时是女汉子性格的小女孩也即兴唱了一首。小小鱼一个节目也没有表演。

我妈当时说："就我们家的差一些啊！"

幸好他跑到了我的书房，一个人在门口玩。我问他："你们在玩什么呢？"

"她们在唱歌，唱得一点儿也不好。"

"那你唱了吗？"

"我不想跟她们唱。"

"哦，我明白了，其实你也有很多东西表演的，只是不想表演，对不对？"

"嗯！"

他是在维护自己小小的自尊呢！

所以我们一定不要去揭露男孩的不足，伤害他们的自尊，更不要将他们过早地送去托儿所，因为分离会让3岁前的男孩更易产生分离焦虑，他们会比女孩反应更加激烈。

对于3岁以下的男孩来说，由父母或细心的亲人，或者有责任心的保姆看护远比进托儿所强，他们需要和看护人一起度过很长一段时间，看护人对孩子而言具有特殊的重要意义。

在一个宽松的环境里，他的天性才能绽放。在一个能够接纳自己的世界里，他才能学会如何去接纳别人，如何去表达情绪。

对于男孩来说，最重要的一课是：学会和照顾他们的人保持亲密的关系，并且信任那个人——这样他们的内心是温暖的，并且能理解别人的善意。这是他们步入青少年阶段的道路上非常重要的一个心理基础，而且也会影响他将来成为一个怎样的丈夫和父亲。

由于男孩比较冲动，情绪更暴躁，如果没有人接纳和理解，他就只能选择封闭自己。所以如果孩子心理上还没有准备好，就不要入学，男孩甚至可以晚一年入学。从长远来看，没有谁会嘲笑他比人家的孩子大半岁，而且事实证明孩子也不会输在这半年里。

孩子被忽视的情绪，是成长路上的地雷

1

有一句话非常流行，叫"你若懂我，该有多好！"甚至成为一代人的心声。特别是年轻一代的父母，常常会发出这样的喟叹。因为我们太多的人，在自己成长的过程中，内心是被父母忽略的。

老一辈的父母，因为社会大环境所致，能养活孩子就难能可贵了。我们不能责备他们，因为在物质条件极其匮乏的情况下，把家里的一堆孩子拉扯大，搁谁都不是简单的事。可是，那种不被理解的痛楚，还是会像刀子一样割在心上。

我有一个朋友，他的父亲在他很小的时候就去世了。亲戚朋友们一直都很照顾他，他小时候的衣物基本都是亲戚给的，但是大家的条件都不怎么样。所以送他的东西常常是新的少，破旧的多。可是有总比没有好，他也会穿上，那

时候小伙伴们就经常笑他，说他穿着大人的皮鞋，没钱还穿皮鞋，还露出一个大脚趾。

他每次都会追着去打人，但是他妈妈总是跟他说："不要跟人打架，好好过日子，有的穿就不错了。"

他跟我们说，自己就是这样一步一步熬过来的，见人就要察言观色，做事就要规规矩矩。每个人都夸他懂事，可是没有一个人真的愿意倾听他的内心。他内心的苦楚也无人能懂，所以他常常在河边或者山脚下找个没人的地方哭一场。而这些家里的人都不知道。

记得有一次喝酒，我们谈着孩子，又说到自己的童年。有几个朋友就跟他说："其实你过得挺好的呀，一点儿也不苦，这么多人帮你。"当时，他一杯酒灌进喉咙，样子挺吓人。

"没有一个人懂我，你们可以嘲笑我，辱骂我，但是不能否认我的感受。"

大家都没有说话，能说什么呢？因为我们自己的感受，又有多少人懂？

当我们做了父母之后，就会发现，其实孩子的情绪，被忽视的竟也是那样多。

情绪这个东西与生俱来，在胎儿时期就有了。对孩子来说，第一次的情感表达应该是"哭"。一个小婴儿来到人世间，用哭声唤来父母的保护，然后用哭声来表达自己的感受或需求。

可是在大人的世界里，情绪往往会被分类，一类是好情绪，一类是坏情绪，而哭常常被认为是坏情绪。我们见得最多的一种情况是大人无法忍受孩子的哭声。最初的时候，我也是如此，听到孩子哭，内心也是崩溃的。但是当我正视孩子的这种情绪，并且积极去弄懂这种情绪背后的原因时，就再也不会孩子一哭，马上就崩溃，或者暴力压制，或者怒吼了。

还有一种经常被用到的方法就是"遗弃威胁"。有一次，我看到一个大约3岁多的孩子在路上追着他的妈妈。一边哭着，一边追着喊着："妈妈，我错了，我不买了，妈妈，妈妈……"

但是那个妈妈气冲冲地头也不回，一直到了拐角的地方才回头看一眼："你要是下次还这样，我就不要你了。你下次还敢不敢了？"

这时孩子擦着泪赶紧跑了过去。

这是很多父母经常用的"高明"方法。只要孩子不听话，直接丢一边，威胁说不要他了。当孩子吓得瑟瑟发抖时，就会顺从。可是孩子的感受你真的明白吗？

儿童心理学家肯尼斯·巴里西说："通常情况是孩子在短时间内无法找回状态。痛苦的感觉长时间淹没了他们。渐渐地，失落、反抗的情绪占了主导，家庭交流越发陷入恶性循环。"

的确如此，孩子的成长本来就是学会控制情绪的过程。如果父母没有去给予足够的关注和爱，而是忽视孩子的情绪，最后孩子会更加叛逆，甚至变得歇斯底里。因为他内心从没得到理解，情绪又不知如何表达。这样的亲子关系只会越来越糟糕。

特别是孩子面对一些大的变故，内心遭受创伤时，情绪还被忽略，孩子的心理健康就会遭到极大的损害。

在《麦田的守望者》里，主人公霍尔顿就是一个被家人忽视情绪的孩子，而这也为他日后的种种不幸埋下了伏笔。

霍尔顿有一个自己非常喜欢的弟弟艾里，所以当弟弟患白血病去世之后，他内心无法接受弟弟的离去。他会经常回忆小小年纪的艾里在他的垒球手套的指头上、指缝里写诗，坐在高尔夫球场篱笆外面的自行车上看自己打球。

正因为对弟弟深沉的爱，所以弟弟的死对他打击很大，甚至难以接受家人的安排。他想不通为什么艾里死了之后家里人还能继续生活，他认为艾里的死是重大的，艾里对于家庭的意义是重大的。

对一个孩子来说，父母是自己的第一倾诉对象。很多人都关注他父母的感受，却忽视这个当哥哥的内心感受。特别是父母从来不会关注他，反而觉得他那些过激的行为是精神疾病。而那只不过是一个孩子的情绪找不到出路，没有慰藉和接纳的反映。

弗洛伊德说："一个人的生活会因为创伤而动摇，变得灰心丧气，对当下的生活及未来都没有兴趣，而会永远把自己锁在回忆的匣子里。"

当父母没有给霍尔顿足够的爱让他面对弟弟的死时，他注定要选择逃避，否定现实。

4

　　父母的关注和爱，能让孩子的内心强大起来。如果孩子在哭泣，请不要一味地说："不要哭了，不要哭了。"而是要站在孩子的身边，读懂他的内心。

　　父母之所以会忽视孩子的情绪，往往是自以为是，而从来没有和孩子共情。养育孩子不同于普通的工作，因为面对的是一个成长着、变化着、有自己独立灵魂的生命。而且，不同的时代，孩子们的感受都不同，而父母却往往不够敏感，还用那些自以为很对的观念来理解孩子。

　　孩子被忽视的情绪，是成长路上的地雷。父母要做的，首先是自己不能埋雷，然后还要为孩子排雷。接纳孩子的情绪，关注孩子的感受，才能培养出情绪积极、思想健全的孩子。

第三篇

和孩子一起成长，
是最好的教养

被吼的孩子，会经历怎样一种恐惧

❶

有一个妈妈在朋友圈分享说："刚刚吼完孩子，真的很后悔，心疼儿子成了我情绪不稳定的牺牲品。"引起了大家的同感。看看我们的周围，多少孩子在默默地当着父母的出气筒啊！

孩子真的需要你这样去骂吗？其实，很多时候你的焦虑往往比孩子的问题本身更可怕。

比如孩子刚刚学说话时，口齿不清，一着急就结巴。我想很多父母都会遇到这种情况。小小鱼有时候急着跟我说一件事，就会急得说不清，我会听着，告诉他慢慢来，一句话允许他说几遍。慢慢地，他不再说话打结，表达越来越流畅。

有些父母看到孩子说不清，心里很着急，这个孩子今后读书怎么办？会不会变成一个结巴？被焦虑控制之后，父母就会严厉而急切地关注这个问题，耐心教导不管用，就可能责骂了，结果孩子越说越结巴。一个本身不严重的问题，被父母焦虑的情绪影响着，变成了真正的问题。

❷

吼孩子时，你知道孩子的感受吗？

我们常常只在乎自己的感受，而忽视孩子的感受，这是很多父母的一个弊病。他们打着爱的名义，用父母的权威，期待孩子能够言听计从。一旦孩子有自己的想法并且固执地坚持，或者犯了小错的时候，就会威胁吼叫。

然而，带着情绪的教育是最无用的教育。因为你在吼叫的时候，孩子的内心是封闭的，因为心理保护机制会让孩子进行自我保护。甚至有的孩子会用手捂住耳朵躲避，有的孩子用哭来保护自己。

有一本非常出名的德国绘本《一生气就大吼大叫的妈妈》，一只可爱的企鹅宝宝向我们讲述了它和它妈妈之间的非凡经历。

今天早上，我妈妈发脾气，冲着我生气地大叫。

结果，吓得我全身都散开飞跑了……

我的脑袋飞到了宇宙里，我的肚子落入了大海里，我的嘴巴插在了高山上。

最后发脾气大叫的妈妈又将我找了回去，将我修补好。

妈妈跟我说"对不起"，我也原谅了妈妈。

　　被父母的吼叫伤害的孩子，内心充满恐惧，甚至会瑟瑟发抖，他们靠着天马行空的神游来逃避令人恐惧的现实世界。

　　父母一两次的伤害，孩子自己会把伤口修补好，不过还是会留下伤痕！如果时间长了，吼叫成为习惯了，父母就要考虑孩子的心理伤害了。不要觉得孩子小，不懂事，其实他们什么都明白。

　　孩子的内心很柔软，小小的他们会犯错。成长就是一个犯错和改错、叛逆到懂事的过程。

　　孩子总是愿意原谅"暴力父母"的过错，知道父母是心情不好，不是不爱我，而作为父母，是否也能控制住自己的脾气呢？

在为人父母的路上，能一次也不吼叫的父母我不知道有没有，因为我自己也曾对着孩子发过火，看到孩子害怕的样子，非常后悔。所以我就想着一定要控制自己的情绪。有人说："孩子的成长是父母的一场修行"，说得真好。

3

父母情绪稳定，家庭会更加温暖，才能给孩子安全感。相爱的父母，总是会在岁月中变得温和，那些尖锐的棱角会被磨平。

假如父母不再相爱，就会摧毁孩子心中的城。如果没有一个幸福温暖的家，孩子的世界将是昏暗无光的。没有爱的滋润，心灵就会被黑暗一点点吞噬。

很多孩子在看到父母吵架时会非常痛苦，尽管你推开孩子，告诉他说不关他的事。可是他还是会悲戚，会做出一些行为来试图改变一点儿什么。因为孩子会觉得这些跟他自己有关。

我一直记得一件事。那是我们村的一个哥哥，比我大五六岁。有一次他的弟弟跟我说他哥哥跑了。他弟弟是我的玩伴，我当时就很奇怪，问他为什么。他说因为家里吵架，哥哥受不了就跑了。

那时候他哥哥读中学，我们刚读小学，不懂事。但我就想不通为什么他爸爸妈妈吵架，他哥哥要跑掉呢？

多年后，做了父母我才明白，孩子天生是想去平衡父母关系的，这个从平时的玩乐中就能看出。比如我们玩背唐诗的游戏，我们和孩子轮流背诵，中间可以有一个人拿着书，拿书的人可以偷偷瞄一眼，当然更有优势。于是我跟孩子妈妈就争那本书。小小鱼就来做裁判了，他看到谁占了优势，就会去帮助那个处于劣势的人，总是试着去平衡。

如果哪天我将家里弄乱了，挨了他妈妈的批评，他会要妈妈不要说了；如果哪天我一急说他妈妈没做好，他又跟我说，不要这么大声。而我们笑着，闹着，讲着他不懂的笑话，他也会跟着傻笑，好像自己懂了一样。

孩子总是渴望父母能够相亲相爱，孩子需要情绪平和的父母，需要温暖的家庭氛围。

尽管很多时候我们知道自己要发脾气，也暗示自己要克制，但为什么还是控制不住自己的脾气呢？仔细回想，就会发现这跟自己的童年息息相关，跟那个幼时生活的原生家庭紧密相连。

小时候父母为人处世的方式、情绪的表达无不影响着我们性格的形成。脾气火爆的父母会养出脾气火爆的孩子，性格温和的父母则会养出性格温和的孩子。

什么样的土壤开出什么样的花。孩子长大后成为一个什么样的人，很大程度上受着父母及家庭的影响。

在这个残酷的世界面前，愿我们能用平和的情绪，在孩子的心里种下一粒爱的种子，期待着开出一树繁花。温暖孩子，也能为他人捧出美丽。

你若足够优秀，孩子自会精彩

有一句话叫"你若盛开，蝴蝶自来！"这句话用在父母身上非常合适——你若足够优秀，孩子自会精彩！

有一天，我带儿子去广场上玩，看到一个三四岁的孩子坐在车里，他爷爷在后面推着。车里坐着的孩子看到儿子手上的棉花糖，马上就坐立不安，左摇右摆，几乎要将推车弄翻。那个爷爷一边赶快推着孩子往前走，一边说着："乖啊！宝宝！乖，坐稳！"

儿子问："爸爸，那个小朋友怎么还坐车车啊？"

"这个，这个……"

我一时竟不能跟他解释为什么一个跟他差不多大的孩子还坐着推车，因为他在两岁的时候就已经不再坐推车了，每次出门都是自己走或者是你追我赶的。

"也许他不舒服吧，需要推！"

"哦！"

一个养得白白胖胖的孩子，就这样被爷爷的爱裹挟着。

你以为的爱，没有尊重孩子的天性，不懂孩子的心意，那就不能叫爱。

尊重这个词，靠行动，没有行动，再怎么天天喊尊重，等于没讲。没有尊重的爱，其实就是害。

为人父母，很多人常常对孩子说："乖，你要听话。你要相信大人的话，因为我们是为了你好，不会害你"。

但是有多少父母听过孩子的话呢？真的去了解过他的心吗？不过是用所谓的爱一层层地包裹着孩子而已。口口声声的爱，已经成了一把把枷锁。

❷

如果你问一个孩子，你最想要的礼物是什么？小家伙们的回答肯定是有爸爸妈妈的陪伴。而大孩子除了这个需求之外，会有一个更深层次的渴望——爸爸妈妈懂我。

而现实生活中，很多父母都忙于生计，哪有时间去懂孩子。很多时候，当出了问题，父母往往手足无措。

比如，很多妈妈说孩子一进学校，根本坐不住，老师讲课他在下面和其他的小朋友玩，不断地惹是生非。结果老师下了警告：再这样下去，那就带回去。这个时候，当父母的就急了，孩子是去学校受教育的，老师怎么能这么不负责啊！

但是老师将班上几十个学生的情况一一比较分析，父母就明白了，原来问题出在自己家里，不能怪老师。自己都管不好的孩子，老师又怎么能管好呢？如果你没有在家里教好孩子，那么孩子一去学校就会暴露出种种问题。

孩子曾经淘气透顶无法无天，你觉得他是天性使然，给了自由却没有告诉他要懂规矩。

孩子每次非得个第一不可，你觉得孩子是聪明，给了肯定，却没有让他明白山外有山。

孩子想动手做点事，你怕他搞砸，更怕他受伤，给了保护，却没有告诉他怎么去独立。

孩子哭着闹着，你事事依着他，换来了一时的欢笑，却没有告诉他外面的世界不会一切顺着他。

……

在爱与规矩之间，规矩与自由之间，深藏着很大的学问，需要父母去研究。因为一千个家庭有一千种不同的情况，一千个孩子，也不会有两个是完全相同的。科学的理论再精确，也无法为你的孩子解决所有问题。唯有真正的用心陪伴，父母不断学习，才有不断接近正确方法的机会。

但是太多的父母还是高估了自己，没有认识到父母也是一种高难度职业，当父母也是需要学习的，并非一种天生的本领。如果自己追着电视剧，玩着游戏，就不要指望孩子能少看动画片，少玩游戏。羡慕着别人家的孩子，就要看到别人家的父母在怎样行动。

如果你不知道怎么跟一个孩子去玩，那就放下手机，让孩子带着你玩。哪怕他碰你一下，那你就学着他的样子，碰他一下。就这样慢慢地，就玩开了。

我不提倡一个家里父亲总是板着脸，做一个所谓的严父。而在现实生活中，这样的爸爸却很多，不仅严，而且固执古板，还充满了为父的自信。

若真爱孩子，就要放下自己做父母的架子，跟孩子一起去感受生活的美好和温馨，去理解孩子的哭，看见孩子的笑。用行动去感染孩子，而不是说教。要想孩子不看电视，你自己必须先不看；要想孩子不玩电子游戏，你自己必须先不玩；要想孩子学好英语，你自己必须跟孩子一起听一起说。

我们家的电视机是从来不开的，儿子喜欢动画片的话，会约定好给他在电脑上看几集，所以他对看电视没有瘾。

家里书多，他读书有点儿上瘾。他说要学英语，那我就跟他一起去学自然拼读。他要学数学，那就一起跟他数数，玩数学游戏，理解数的概念。他喜欢诗，那就一起背诗比赛，每人背一首，谁背不过来就表演一个节目。在这样的点滴陪伴中，我真正感受到了孩子的成长。

很多大孩子的父母跟我说孩子从来不跟他们交流，自己也不知道怎么帮他。我想这中间一定是成长断链了——父母的成长跟不上孩子成长的速度。

小时候，孩子不懂事，你就是天。孩子问十万个为什么的时候，你随便瞎扯就能够蒙混过关。但是到了青春期，你就跟不上孩子的脚步了，和孩子慢慢成了两个世界的人。

孩子读的书，你一本都没看过，只知道说好不好。孩子问你到底哪里不好，哪里好，你哑口无言。孩子听的歌，你说太吵。孩子喜欢的电影，你听都没听过。两个世界的人怎么会有共同的话语？

我知道有一天儿子会喜欢一些我搞不懂的东西，但我不会贸然反对，我会去熟悉了解，去学习，努力跟上孩子的脚步。所以，父母很多时候反倒是孩子在推动着进步。

如果你在麻将屋里挥汗如雨，就不要怪孩子不努力学习。

如果你在酒局饭局上流连忘返，就不要怪孩子跟你疏远。

没有陪伴，爱无法安放，如同浮萍四处飘荡。

没有理解，爱无法联通，虽同处一室，却如同远在千里。

记得和孩子一起读书、爬山、打球、跑步、听音乐、看电影、谈人生……建立属于你们共同的家庭文化，在这里面，一个小小的动作，也能得到响应。

如果你总是大吼大叫，不要指望孩子讲道理。

如果你从没有去耐心倾听孩子的声音，就不要怪孩子不听你说话。

如果你总是期待孩子优秀，而自己却不在意自己的状态，那就不要怪孩子逃避、放弃。

苏霍姆林斯基说："对一个家庭来说，父母是根，孩子是花朵。父母常看到孩子的问题，却不知这其实是自己的问题在孩子的身上开出的花。"当你足够优秀了，孩子自会优秀。

母亲的素养，影响孩子的一生

①

我非常赞同一句话：母亲的素养，影响孩子一生的命运。

很多人会说，这不是为爸爸们开脱吗？难道父亲就能没素养？当然不是这个意思，只是在实际的教养中，主角大多数都是母亲。当然，这个"母亲"更广泛的意义是陪伴孩子成长的亲人，是孩子的原生家庭。

曾读过梁晓声的一篇文章，里面写到自己的母亲，让人感怀不已。

我家虽然非常穷，但母亲还是非常支持我读书，穷日子里的读书时光对我来说是最快乐的。当时家中买菜等事都由我去做，只要剩两三分钱，母亲就让我自己留着，那时两分钱可以买一斤青菜。

我拿着这些钱去看小人书，《红旗谱》在同学那里借来读过后，才知道还有下集，上下两部加起来一块八毛多一点，我非常想看这本书的下集。当时正读中学，我下了很大的决心才鼓起勇气去找母亲要钱。

那天下午两点多，我来到母亲做工的工厂。进去一看，原来母亲是在一个由仓库改成的厂房里做工。

厂房很热，每个人都戴着厚厚的口罩，所有人戴的口罩上都沾满了红色的棉絮，头发上、脸上、眼睫毛上都是，很难辨认出哪位是我母亲。

后来母亲的同事帮我找到了她。见到母亲，本来找她要钱的我，一时竟说不出话来。

母亲说："什么事说吧，我还要干活。"

"我要钱。"

"你要钱做什么呀。"

"我要买书。"

"梁嫂你不能这样惯孩子，能给他读书就不错了，还买什么书呀。"母亲的工友纷纷劝道。

"他呀，也只有这样一个爱好，读书反正不是什么坏事。"

母亲说完把钱掏给了我。

我们会发现，古往今来，那些优秀的人背后，往往站着一个了不起的母亲。

孟母三迁、陶母退鱼、欧母画荻、岳母刺字……

这些母亲不是大知识分子，不是有钱的商人，更不是权贵。她们只是一些普通的女人，但是她们却比谁都重视孩子的教育。而正是这样的教养影响了孩子的一生。

②

在孩子的教育上，有些父母会有这样的疑问：我的文化水平不高，真的不知道该怎么教我的孩子。

其实，父母的文化水平跟养不养得出优秀的孩子关系不大。《焦点访谈》节目曾介绍过世界中学生奥数金牌获得者安金鹏的事迹。

他家里极穷，考取了重点中学，却没有钱上。父亲说让他去打工，理由是人家上了大学还没有工作呢，何况你能不能考上大学还不知道。但母亲坚决不同意，她将家里唯一的一头驴卖了。孩子成了学校里唯一一个连素菜都吃不起的人，也是唯一一个用不起肥皂的人。

他的母亲连小学都没有毕业，但她却让自己的孩子在小学之前就把四则运算做得滚瓜烂熟，在关键时刻坚持让孩子继续上学，这样的母亲，又怎能用文化的高低去评判呢？

安金鹏在文章里写道："母亲常对我说：'妈没多少文化，可还记得小时候老师念过的高尔基的一句话——贫困是一所最好的大学哩！你要能在这个学堂里过了关，那咱天津、北京的大学就由你考哩！'如果说贫困是一所最好的大学，那我就要说，我的农妇妈妈，她是我人生最好的导师……"

3

初生的孩子是一张白纸，他们通过学习和观察，模仿陪伴他们成长的人，从而形成自己对这个世界的初步认识。所以，一个爱看书的母亲，孩子也往往会喜欢阅读；一个勤快的母亲，孩子也喜欢动手做事；而一个喜欢打牌的母亲，他的孩子必然也会对打牌乐此不疲；一个喜欢骂人的母亲，孩子也会学着骂人。

我曾见过一个妈妈，她常常要儿子做好饭菜，然后去叫她回家，否则就会一直打牌。后来她的儿子初中毕业就自己打工去了，他说自己最想做的事就是逃离那个家。所以他宁愿在工厂里过年都不愿回家一趟。

母亲的性格对孩子的影响也是深远的。一个强势的母亲，对家庭的影响几乎是毁灭性的，特别是对孩子的影响极大。心理研究发现，在一个家庭里，当父亲的作用越来越边缘化之后，母亲就会变得日益强势，说一不二。而孩子总会向着同性父母一方——女儿会认同强悍的母亲，儿子则靠近父亲。久而久之，女儿也会变成强悍的女人，儿子则愈加懦弱。这样的家庭无一不常常呈现出紧张的关系，甚至发生悲剧。

从某种意义上讲，母亲决定了一个国家的未来，这一点儿也不夸张，因为她的一举一动都在影响着孩子对世界、对人生的态度，而这种态度会决定他成为什么样的人，成就什么样的事。

没有人天生能做一个好母亲，但是真正爱孩子的母亲都会在通往好母亲的道路上砥砺前行，因为他们深知自己责任的重大，而这责任也只能由自己去负。

做父母的黄金期，只有十年

1

经常会有一些妈妈问我一些孩子的养育问题。每次提到一些青少年的问题，更多的是无奈和叹息。

因为很多问题是在多年前就已经埋下了"病根"。就好比一个人到了50岁突然腰椎间盘突出，那绝不是50岁时才出的问题，而是多年来积下来的病。有些严重的，做手术不行，怕伤害神经导致瘫痪，那么药物治疗呢？也只能控制病情，减轻病痛，无法根治。

养育孩子也一样，一个人在18岁就已成年，所以作为孩子的时间很短，只有18年。而青少年时期已经是"儿童后期"了，接近于成年人。时间越往后，就离父母教育越远。孩子所接受的更多的是社会教育和自我教育，父母的影响作用也越来越小。

所以当一个孩子已经有十四五岁，他身上存在的那些坏毛病往往很难根治，你越教育，他越反感，很多甚至直接断绝关系或者拿自己的生命来要挟父母。父母越在乎的东西，他越去要挟，甚至是毁灭。

到底是从哪一天或者哪一年起，埋下了今日的"病根"呢？

用心的父母大都有过同样的忧虑，我的孩子将来会怎么样？青春期的他会变成什么模样？

我也一样，我从来没有想过去规划孩子的人生，我知道他的成长充满了不确定因素。我能做的就是尽早地陪伴在他的身边，给予一些影响。所以我选择亲自带他，观察他的天性，了解他的脾气秉性，给他定规矩、养习惯。

俞敏洪曾在一次讲座上提到：定规矩最好是在八岁以下，在十岁以前定规矩，孩子还是愿意听你的，为什么呢？因为在十岁以前，他觉得自己在这个世界上只有一个依靠，那就是父母，离开父母他是活不下去的。但是到十岁以后，他觉得离开父母还是可以活下去的。他会逐渐发现，和父母对着干，父母拿他一点儿办法都没有。

说得很有道理，一个孩子只有在小的时候会听父母的话。这个听话不是说对父母言听计从，而是愿意和父母一起养成一个好习惯，守规矩，形成正确的三观。

我一直呼吁父母，特别是爸爸们早点、更用心地关注孩子的成长，陪伴孩子的成长。因为孩子到了青少年时期，一个走进孩子世界的父亲比母亲的影响更大。

而你可不要指望自己随时可以走进去，孩子的世界在10岁前是对你打开的，你能走进去，一旦过了这个阶段就会关上，你想强行闯入，必定伤及彼此。

不要觉得孩子是你生的，你想怎样就怎样，要知道孩子首先是一个独立的人，然后才是你的孩子。等孩子大了的时候，对你不理不睬，你想说话又说不上，彼此坐在一起，但是心却梗结如难以逾越的鸿沟。

一个人事业上再大的成功也弥补不了教育子女失败的缺憾，为人父母者都要细细体会。

有位妈妈跟我说过，自己是一个失败的妈妈，以前觉得只要给孩子好的生活条件就是最好的爱，所以选择拼命地工作挣钱，将孩子放在了老家。没想到孩子到了14岁就说要退学，怎么劝说都没有用，甚至以跳楼来威胁。当孩子站在自己的面前时，突然发现很陌生，这么多年来，彼此已经习惯了没有彼此的陪伴，唯一将两人连在一起的就是血缘和钱了。因为孩子只有伸手要钱时才找自己。

她对孩子的叛逆是无奈的，充满了悔恨。她说如果能重新来过，她一定要把孩子带在身边。我相信，如果当初能相互陪伴，给予更好的引导和教育，结果肯定会不一样。

也有一个妈妈提起自己刚上初中的孩子，天天在家里玩电脑游戏和手机游戏。如果提醒他不要玩，他的吼叫比爸妈的声音还大，有时候还会摔桌子离家出走。之前打过，但是没有用。后来不敢打了，因为看到了那么多的跳楼事件，真的怕出事。

其实，这种种情况，无不指向一点，那就是父母在孩子成长的黄金十年里缺位了，或者忽视了孩子的成长。等孩子到了青少年时期，一切补救都为时已晚。因为父母也是有"有效期"的，在孩子最依赖的阶段错过了，将来再怎么努力也再无法提供实质性的影响。

龙应台曾在一篇文章中写道：如果在孩子需要的时候父母忽略了教养，将来孩子再怎么叛逆，父母也只有摇头、叹息的份了。

最近去拜访了朋友，我们坐在朋友家的后院吃东西聊天时，他们的大女儿回家了。大女儿今年18岁，已经不住在家里了。她跟着她的同居男友一起走了进来，两个人手上都各拿着一支烟；穿着很新潮，露着小肚子，后面露出腰的部分还有一个刺青。那个男孩子的手腕跟手臂上也有刺青。两个人互相窃窃私语，有说有笑，但对外人都露出很不屑的眼神。

我还记得第一次见到这女孩时，她才8岁。10年前我去她家时，她可以在短短的时间内把我送的一瓶清酒上的字和图一模一样地画出来。当时令我很惊讶，自从那次以后，我经常建议她的父母把她往绘画的道路上培养，但他们总是找出一大堆理由来搪塞我。奇怪的是，她的父母一面搪塞我，却又一面跟我炫耀她女儿最近又画了什么。

看着眼前这个女孩子，我突然惊觉10年过得好快，仿佛就是昨天才发生的事情，但当年的那个小女孩已不复存在。

我不认为她的父母现在有资格去批评他们的女儿，因为一直以来，她的父母只顾着自己，从没重视过她的教育问题。现在再想教育已经不可能了，因为父母的教育功效已经"过期"了。而且她的父母在"有效期限"内也没努力过。

时光荏苒，转眼间那个小小的婴儿就将离开你的怀抱独自去面对世界了。为父母者，如果不想将来只有叹气、摇头的份儿，只有抓紧当下。

德国著名教育家卡尔·威特，他的孩子小时候是弱智儿，但是他通过自己的一些教育方法，最终让孩子成才。他的核心理念是：一个人最终能否有所成就，其禀赋起着一定的影响作用，但最主要的还是后天的教育。教育得当，普通的孩子也能成长为天才；教育不当，即使再好的天赋也会被毁掉。而父母是孩子教育的核心因素。

因为孩子在幼年具有极强的可塑性，他们如同奔腾的河流一样，活泼而无拘无束，同时又可以很轻易地被加以引导。

一个孩子将来能成为什么样的人，往往取决于孩子在早期的成长过程中受到何种层次的家庭教育，所以父母的高度会起到很大的作用，而这个高度，绝不是说家长的学历、财力，而是指眼界、态度、胸襟，还有你不停地努力学习、付出、进步。

如果你的孩子已经进入了青少年时期，刚刚开始遭遇叛逆的问题，坏毛病初见端倪，不要害怕，相信你过去积累下来的优秀本能能够让你陪孩子度过这段叛逆而难忘的青春期。

另外，不要忘记你还有一个好帮手，孩子成长的好伙伴——图书。优秀的图书对孩子来说绝不亚于一个好朋友、好伙伴。在陪孩子阅读之余，也会让你深深地思考孩子在成长的过程中真正需要什么，以及你应当如何去帮他创造或完成。

在孩子成长的道路上，我们将遇见不同的自己。选择不同的道路，也注定会有不同的结果。你要相信，你的陪伴终将不负等待，当那一天来临，欣喜之余，你的内心一定还会有深深的庆幸吧！

有一种奢侈品叫爸爸

不知从什么时候起，爸爸变成了孩子们的一种奢侈品。

也许是从我们为人父母之后，才发现孩子也像当年的自己，一样地总见不到爸爸。

做了父亲后，我开始关注身边走过的每一个孩子，喜欢看他们的眼睛，因为那儿会透露出很多的秘密。

今天是我推掉坐班的工作，回到家里带小小鱼的第三个工作日。做出决定之后，我很认真地问儿子，你希望爸爸上班工作还是希望爸爸陪你。听到这个问题，儿子的表情真的呆了几秒，估计他以为自己听错了，或者以为我是在试探他吧，因为以前我说过这样的想法，可是没几天还是上班去了。

他回答希望我陪他，而且非常坚定。他还赶紧告诉他的妈妈："爸爸不上班了，回家带我"。然后，他每天入睡前都由我给他讲故事，说诗词，读绘本，每天起床能够看到我就睡在他的枕边。今天早上他醒了看到我，觉得很诧异，还以为自己在做梦呢！

我是那种特别迷恋孩子的人，因为和孩子在一起，我觉得心灵是轻盈而充实的，感觉这个时候的灵魂都在唱歌，因为孩子们的灵魂能够唤醒它们。

当然工作也会让人有好感，但那是成就感，收获感，和这种感觉是不一样的。特别是有些朝九晚五的重复，重复，简直能够把一个自由的灵魂逼疯。

在很多阳光美好的日子里，我透过办公室的窗户，看着明媚阳光，会想陪着孩子去做一些有趣的事，可是回过神来，只能坐在这里，继续手头的工作。

在很久以前我就开始准备了，利用假期独自带孩子，锻炼自己。

在这些日子里，我发现自己如同一个异类，在社区公园里，在游乐场里，甚至在街边小巷里，在接送孩子的路上，没有一个男人像我一样牵着孩子，一副无所事事慢慢走着的样子。

在这些场合，我的出现总是怪怪的。比如，小家伙去玩沙子，我在外边坐着等，身边围着的全是妈妈，儿子背着小包跟我去菜市场买菜，卖菜大妈们都觉得奇怪，那眼神充满了不解。

为什么会这样？爸爸去哪儿了？不带娃吗？

根据我的总结，爸爸不带孩子的原因有以下几个。

家庭压力大

有人会认为我的经济条件很好，所以才能自己带孩子。其实我们也是普通之家，但是我们有一个特点就是不怎么花钱，我是宅男，鱼妈是一个非常会持家的女人，所以日子也能过得稳稳当当。

为什么有些爸爸压力大？因为供了几套房，我有几个朋友和同事就是如此。很多压力都是欲望挑起的，你争，你就得背负；你舍，你就得心闲。所求所取所活的模样，皆因心生。

爸爸太忙

爸爸们很忙，有时近在咫尺，却像远在天涯。因为他的心没停在家里。

"看孩子，是老婆的事，我不管！"

"我这么累，还要看孩子，能饶了我吗，让我歇歇！"

"为了孩子请假，不好吧，领导心里怎么想？"

"爸爸还要打一个电话，等会儿玩！"

"别烦我，去找你妈去！"

其实所谓忙大都是借口，当然很多爸爸都会说我忙也是为了孩子，但是眼前的时光都不能珍惜，何谈未来呢？

爸爸不会带孩子

"他不会带，能管好自己就不错了！"很多能干操心的妈妈和勤劳细心的老人就是这样说爸爸们的。在育儿的世界里，根本就没有爸爸们的份。很多爸爸就是长期缺位，以至于与孩子之间根本没有共同语言，更别提如何照顾孩子。

没有人天生会带孩子，作为父母，这是一堂必修课，爸爸妈妈都必须认真学习。如果出现了爸爸缺位的情况，妈妈和其他家人也应当反思，尽快让爸爸回归应有的位置，这样家庭才称得上完整。

怕人笑话男人带孩子

在中国，大男子主义盛行几千年，根深蒂固，一个男人不去外面闯荡，成名立业，根本不会有人正眼瞧他。所以说起爸爸带孩子是男人普遍存在的心理阴影。

其实这主要有几个方面的因素：首先是家里长辈一时无法接受，我岳父前几日听到我说不上班了，回家带孩子，非常不理解，我解释了不少，老人还是不理解，这就是代沟。

另外就是舆论。如果一个爸爸带孩子，很多人会觉得这个男人有问题，肯定是能力不行，找不到工作。这对爸爸自尊心的伤害是很大的。就像我有一段时间和小小鱼在乡下奶奶家，我妈的朋友们看到我周三还在家里，笑问原因，我也只能说休息一个星期，如果他们知道我全职带孩子了，还不知会被传成什么样呢！

即便是同龄人，能够理解的也不多。最近有朋友问我工作怎么样？我说回家带孩子了，然后就没一个正经的回应了。

在中国，爸爸带孩子真难，但我愿意尝试。我希望能陪伴孩子直到入园，还要陪伴他度过各个关键期。我知道孩子每一天都在努力成长，现在错过就永远错过了，我不想当一个局外人。

之所以下定决心带孩子，对于我或许也有童年的因素在里面。在我的记忆深处，似乎是有缺少爸爸陪伴的痕迹，所以每次当我躺在儿子的身边，就会找到父爱的感觉——一个父亲对儿子的感受，一个儿子对父亲的依恋。有些感情，是永不会忘却的，有些缺憾也是永生不灭的。

即使再平凡，我也希望能够在匆匆的人生岁月里停留下来，或者说转一个弯，在这匆匆前行的岁月里，在这一去不复返的成长路上，用我人生不长的一段，陪伴孩子度过这关键的时期。不管前路如何，我愿意去尝试，我也深信唯有如此，方不虚此生。

你所谓的面子，其实是在伤害孩子

1

中国人好面子，是一件好事。如果一个人不要脸，那真的什么事都做得出来，也是非常可恨可憎的。但是在养育孩子的时候，太好面子，有时候却是对孩子赤裸裸的伤害。

小时候老人就教诲："树靠一张皮，人靠一张脸"，要我们争气。长大后，很多人暗自下决心，一定要衣锦还乡，混不好回去会丢家里人的面子。

高考打气，很多老师就在黑板上写"吃得苦中苦，方为人上人"。我每次看到这标语就觉得憋屈，那些成绩不好的学生，是不是觉得这辈子都成不了人上人了？普通学生就没出路了吗？

父母盼望儿女成龙成凤是无可厚非的，哪个父母不希望自己的孩子优秀呢？只是很多时候，这个期待扭曲变形了。

一直以来，我们都主动或被动地跟周边的人比较。生下来比谁长得快，读书的时候比成绩，毕业之后比工作，结婚之后比伴侣，有了孩子之后，很多父母最喜欢的就是拿别人家的孩子来比自己的孩子。

小时候从父母的比较中走出的你，还要让孩子重复这条路吗？

要知道第一永远只有一个，大部分人都是普通人。做一个快乐而平凡的普通人不是也很好吗？只要是孩子遵循他自己内心的选择，努力了，名次真的没那么重要。过度的期待只会让他负重前行，而不停地比较，则会让孩子的心灵受到伤害。

我记得小时候有个玩得很好的小伙伴，成绩一直都很好，可是因为生了一次病落下了不少功课，然后就慢慢地跟不上进度了，成绩一次比一次差。他爸爸是我们学校的老师，非常好面子，所以面对落后的儿子充满了焦虑，不仅没有想办法给儿子补上去，反而经常责备他不努力。

每次我找他玩就听到他爸爸训他："玩什么玩，成绩都那么差了，你还好意思去玩，你看看陈老师家的小燕，每次都是满分，人家为什么就能天天在家里读书，帮家里干活呢？"然后就看到他低着头从屋里出来，闷闷不乐。

上了初中之后，他的个子猛长，他爸爸骂他的声音小了，因为叛逆期的他已经敢于对父母的唠叨直接反击了。但还是能常常听到他爸爸唠叨说："还是生个女儿好，懂事又乖巧，咋就生这么一个没用的东西！"

这个小伙伴最后也自暴自弃了，没有考上高中，小时候的那份聪明才智全不似有过。

卢梭说："在人生的秩序中，童年有它的地位。"我们不能将我们成人的一些东西强加给孩子。

为什么很多人会痛苦而焦虑？就是因为欲望太大，而能力太小。"不了解自己的天性而任意蛮干的天使，比按照自己的天性和平安详地生活的快乐的凡人还弱。"（卢梭）

父母必须对孩子的天性有所了解，尊重孩子的天性，而不要去揠苗助长，更不要总是将那些神童的故事拿来跟自己的孩子比。因为神童不仅拥有天赋，而且背后所付出的努力与痛苦也是难以想象的。那样的比较毫无意义。

别人家的孩子如何，与你如何期望孩子没有任何关系，真正的面子，就是用心栽培自己的孩子，让他开出属于自己的花朵。

3

有一个妈妈说，有一次，家里来了亲戚，儿子就大方地将所有的玩具拿出来分享。最后离开时，亲戚家那4岁的男孩看中了一只恐龙玩具，而这是孩子最喜欢的宝贝恐龙，当然不会给，但是亲戚家孩子也是哭着喊着要拿回去。

当时的情景很尴尬，两个孩子争着要。这个时候孩子望着妈妈，希望妈妈能够给自己保住这只恐龙，而亲戚也微笑着望着她，等着她开口把玩具送给孩子。

要知道在我们平常的印象里，这只恐龙就应该送给客人，因为客人是尊贵的，可以任性。

我敢肯定，大部分好面子的父母都会选择将这个玩具送人，然后安慰自己的孩子说再给他买，或者骗孩子说借出去几天，然后再去拿回来。

可是这位妈妈知道这只恐龙对孩子的重要性，所以蹲下来对亲戚家的孩子说："下次姨妈给你买一只新的，好不好，这一只留给弟弟，因为没有这只恐龙他会睡不着的。"

孩子不依。这个时候亲戚出手了，直接把玩具抢过去，塞到了她手里，然后拉着孩子就走了，连基本的告别都没有。

其实，她第二天就想问地址给孩子买一只，但是对方连电话都不接了，最后还逢人就说她家里人小气。简直没把她气死，但是她不后悔，因为这样的亲戚不交也罢。

为了面子，维护这脆弱的人际关系而伤害孩子的事，我不会做。这样的面子挣来了又有什么意义？

很多时候，孩子犯了错，不管在什么场合，有些父母都是大呼小叫，一定要逼孩子认错，甚至还大打出手。或者因为孩子的一个童心举动而让自己觉得丢脸就马上严厉喝止。其实不管是大打出手还是厉声喝止，不过是为了化解自己的尴尬，不让自己丢脸罢了。

在《不完美的礼物》这本书里，有一个故事非常值得父母反思。

有一天作者布朗带着八岁的女儿逛百货公司买鞋子，结果当时卖鞋子的专柜正播放一首流行歌曲，她的女儿竟然当场跳起舞来。就在那时，专柜旁边刚好有三个贵妇同时也带着孩子来买鞋子，大家全盯着她女儿跳奇怪的机器舞。作者注意到旁边人的表情，不是欣赏，反而是为她的女儿感到难为情。当时她也很尴尬。

当那些小女生正交头接耳，可能在说些取笑她女儿的话时，她女儿顿时不知所措，身体僵住，突然停了下来，看着妈妈，眼神仿佛在问："妈妈，我接下来该怎么办？"没想到，作者看着女儿说："你可以把稻草人的动作加进去呀！"于是，女儿继续开心地跳她的舞。

多么让人感动的母亲。相信很多父母在那个时候会制止孩子，甚至还会说"不要丢脸了，快回来，有人笑话"。

这样被笑话的经历我也有过。我经常带儿子去公园玩，有时候会在草地上一起打滚，儿子每次玩得身上脏兮兮的，总是有一些带着干干净净的孩子走过的妈妈对我们指指点点。甚至我还听到有老人交头接耳说："那个男的估计没啥本事，在家里带小孩能有啥本事，还带孩子来撒野，没一个大人样。"

听到这些，我当然会脸上发烫，但是转念一想也没什么，你不懂我，我不怪你。

我觉得面子固然重要，但不可比来比去伤害孩子。孩子有他独立的灵魂和天性，他们有属于自己的人生。为了那些脆弱的人际关系而委屈孩子，甚至放弃自己的想法和梦想，只会让你和孩子更痛苦。

管得太多，是大多数父母的通病

一天傍晚，我带孩子在外面的小路上玩，旁边匆匆走过一对母子。儿子背着书包在前面走着，一下朝左，一下又朝右，还偶尔低头拾起路边的石头看看。

妈妈就在后面跟着，应该是看不惯儿子走路的样子，大骂道："你没长眼睛啊，不知道怎么走路啊！"

那个小男孩好像什么都没有听见，继续自己的游戏。最后妈妈生气地快步追上去朝着儿子后脑勺就是一下。

"你路走不好，是不是耳朵也不好使啊！你聋了吗？"

受到训斥的孩子立刻就不再奔来奔去了，只好耷拉着脑袋跟在妈妈身后。

如果不是亲眼看见，我真不敢相信一个妈妈会因为这样的事就训斥孩子一

通。有这样的妈妈，孩子的内心会是怎样的感受呢？

这样的父母还很多，他们对孩子管得太多，而从来看不到自己的问题。

父母总是希望孩子听话，但是父母看到的、想到的、说出的话就是对的吗？

曾有一个妈妈给我留言：孩子真的太难管了，每次我很和气地跟他说话，他就是不听话，只有我大喊大叫的时候才有用，有时候非得我动手才行。其实我自己的脾气不好，我也很清楚，而且在注意克制，但是我发现现在只要和孩子在一起，就总是在发火中或者正在准备发火。每次发完火后我也挺后悔，因为我害怕伤害到他，我也发现儿子脾气越来越大，跟我一样控制不住，我该怎么办？

这样的留言我不止一次看到，太多的妈妈有这样的苦恼，每次看到，我都感慨，如今的父母就是太希望孩子能"听话"，因为听话的孩子大家都喜欢，父母也会少很多麻烦。比如该吃饭的时候好好吃饭，该睡觉的时候就乖乖上床，该去上学的时候，开开心心地出门……

这样的听话当然好，是父母喜欢的，也是孩子需要的，因为这是成长和生活的点滴。但是孩子不是机器人，他也会有自己的情绪，很多时候，父母不理解，管得太多就会激起孩子的对抗心理。

我儿子是很听话的那种，去商店从不乱买东西，就算我只给他买了一根棒棒糖，他也会觉得非常开心。

记得有一天，我带他去商店取快递，有几个孩子在那里买一种糖，里面还有卡片。他在旁边看得入迷，也想买一个看看。当时我着急有事，没有答应，拉着他就要回去。没想到他好像变了一个人似的，站在那一动不动，撅着嘴巴，皱着眉头。

"你怎么就不听话，我说那种糖吃不得，赶紧回去。"

他压根不听，还大哭起来。这个时候我就来气了，拽着他就回去了。后来他妈妈才弄清楚他不是要吃糖，而是想看看那些大孩子玩的卡片是什么。

孩子的好奇心是无穷的。在那种时候，大人完全可以蹲下来问问他的想法，并且约定好给他看一下。其实年龄没到，也没有玩伴，那些卡片玩具他也是玩不了的，只能是看看，可能一会儿就不感兴趣了。但是我自己管得太多，没有考虑到孩子的想法，给他造成了小小的伤害。

很多父母都有这样的思维：我已经和气地跟你说话，你还是不听，那就别怪我对你发脾气，于是各种威胁、恐吓和责骂。这样做，不仅会在自己跟孩子之间建起一道隔阂，而且会给孩子树立一个很坏的学习对象。仔细想一想，孩子总爱发脾气，不就是从父母那里学到的吗？

在家庭中，母亲往往承担了更多教育、照顾孩子的责任。但是不少妈妈过于强势，反而影响了孩子性格的形成。

奥地利著名心理学家阿德勒有个精彩的论断：假如母亲较富于权威性，整天对着家里其他人唠叨，女孩子们可能模仿她，变得刻薄好挑剔；男孩子则始终站在防御的地位，怕受批评，尽量寻找机会表现他们的恭顺。因为，当母亲总是指责、批评丈夫时，其实是在指责、批评一切男性，儿子作为男性必然会跟他的父亲一样躲在无人的角落。

心理咨询发现，但凡是那种强悍的母亲，培养出的不是强悍的儿子，反倒多数是软弱的孩子，很多时候还会让孩子的心灵承受过大的压力。

有一个妈妈跟我说，她发现孩子有一个问题，比如不小心把水洒在了地上，就会和我们说对不起，不小心把东西打翻了也会说对不起，孩子总是小心翼翼地，时刻都很紧张。她就问孩子，为什么要道歉，孩子说怕奶奶和妈妈发火。这个妈妈说她当时可难受了，不知道自己到底怎么了，是不是吓着孩子了。

这就是家庭教育对孩子造成了太大的压力。家庭原本应该是孩子最放松、最有安全感的地方，可是父母管得太多，会让孩子变得小心翼翼，甚至会瞒着你，躲着你，无法跟你敞开心扉，也害怕回家，放学后宁愿在外面玩。久而久之，亲子关系会越来越差。

有一段时间，我母亲来了，儿子很高兴，因为老人来了会允许他看动画片。可是我们本来约定的是上午不能看。

有一天，我一大早就出门了，回来的时候轻轻地打开门，发现儿子正慌慌张张忙着把那个播放器关掉，那动作很快，而且他以为我没有看到，虽然有点儿紧张，但还是装作什么都没有做的样子。而我母亲正在戴着耳机看电影。

我就问他"你刚刚在干什么呀？"

"没干什么。"

"真的吗？"

"真的。"

我心想，还学会撒谎了呢，可这不就是我管太多的结果吗？我也没有拆穿他，我明白他这样做肯定是我的问题。我决定改变自己。

第二天下午的时候，我把他叫过来，问他："你想看什么动画片，告诉老爸，我给你放。"

他当时的表情很诡异，好像不敢相信我说的。

"以后下午的5点半到6点你是看动画片的时间。其他的时间就不要看，好不好？"

"好！"

"你想看什么动画片就跟爸爸说，随便看。"

"好耶！"

孩子一阵欢呼。而从那天以后，他再也没有偷偷躲着我看。而是每天下午才会看一会儿，到了时间会主动关掉。这让我再一次看到了引导的力量。

治水是堵不如疏，教孩子是禁止不如引导。当我们信任孩子，理解孩子，而不是一味地管着孩子时，他们的自我就会被激发。即使再小的孩子，都有敏感的心灵，父母的正面鼓励及正面榜样力量会激发孩子好的一面。为父母者一定要小心呵护。

教育孩子是一场自我的修行，重要的不是怎么管孩子，而是怎么"观"自己，不断反观自己的内心和行为，就是对孩子最好的管教。

真正的教育就是拼爹

①

不知你有没有想过：人生到底是怎样被决定的？你对自己的人生满意吗？你考虑过为什么会这样吗？如果你不考虑，至少要考虑孩子的。如果你对自己的生活不满意，更应该好好想想，因为你一定希望孩子过得好。

我见过很多人在不断地抱怨自己的人生，抱怨自己的不如意，抱怨自己的孩子不如别人家的孩子。其实，真正的原因都出在他们自己身上。

他们的过去，他们的家庭，他们的童年，他们的人生经历、选择，决定了他们的现在。

如果有机会选择，很多人会愿意选择重新投胎。因为他们中的很多人有今天的不如意，很多事要归咎于他们的父母。当然不是说自己的失败人生全是父母的错，但是好的家庭和父母，对孩子一生的影响是决不能忽视的。

②

我见过一些在人生的路上披荆斩棘奋斗过来的人，每次都让我感动，然而更让我感动的是坚定地站在他们背后的父母。

我有一个亲戚，他小时候学习成绩很好，但就是人太顽皮了。小小的个子，像只猴子一样不安分。读中学时就开始恋爱，后来参加高考，成绩一塌糊涂。但是他的妈妈没有放弃他。他的父母都是农民，一心想把这个孩子培养好，所以在学习上，父母认准了他能有出息。

他们让孩子复读了两年，已经是家徒四壁，自己舍不得用，舍不得穿，日夜操劳，还得四处借钱，这自然要遭受各种白眼。多少人奉劝不要让他继续读书了，说那孩子不是读书的料，还谈恋爱，怎么读得进去，不如趁早让他去打工得了。但是他妈妈咬咬牙坚持住了，后来还搬去学校边上管着。

他知道了父母的不易，第二年一心用功，终于考上了好大学，后来还考上了公费研究生，成了那个村子90年代第一个研究生，毕业后又当了大学老师。大家这时候才感叹，他的父母真是有眼光啊！

如今他将年老痴呆的老母接到身边一心照顾，又让人感动，在十里八村成为佳话。

他自己曾说："如果当年父母松了一口气，那他那副手不能提、肩不能挑的小身板，真不知道能拼出什么名堂呢！"言语之中充满了对父母的感激之情。

3

英国导演迈克尔·艾普特1964年拍摄的纪录片《56up》，讲述了14个孩子从7岁到56岁的人生经历，默默追问决定人生的答案。

导演选择了14个不同阶层的孩子，进行跟踪拍摄，每七年记录一次，从7岁开始，14岁，21岁，28岁，35岁，42岁，49岁，一直到56岁。在短短的100多分钟里，14个人的真实一生就过完了。

这不仅仅是一部史无前例、引人思考的纪录片，也是一份追问普通人命运的社会学研究报告。我们看着片中的主人公，看到他们从小开始，慢慢变老，看他们努力奋斗，看他们徒劳挣扎。

从他们的身上，或许我们多多少少也看到了自己的影子，更能从中感悟到为人父母的责任。这部影片至少引发了我的两点思考。

一是，幼时的家庭影响对孩子的一生来说是难以磨灭的。在这部纪录片中，我们可以窥见普通英国人的人生，而那些人的人生无不证实了导演最初的推测。

"父母能够给孩子最好的礼物就是他们的时间，陪伴他们成长这很重要。"这是影片中的一位主角在56岁时的一段话。不论贫穷还是富有，上天都给予了我们相同的时间，你是否意识到这是你所能够给予孩子最好的礼物呢？

二是，"龙生龙，凤生凤，老鼠儿子打地洞"的宿命还是普遍存在。导演迈克尔说，观察这14个孩子的成长轨迹，既"有趣"又"令人心寒"。

精英的孩子还是精英，人生相对光鲜。他们过着优渥的生活，婚姻稳定，处在社会的精英阶层。几位出自中产家庭的女孩大多生活平淡、满足，且都嫁得不错。他们大多保养得当，神采焕然。

当然也有例外，而这例外就是众多普通家庭的希望。14个孩子中，有两三个依靠自己的努力奋斗，跻身中产或准精英阶层：就读公立学校的布鲁斯考上了牛津大学，出身北部约克郡农庄的尼克成了一名核物理学家。

这背后的原因是什么呢？就是家庭的影响，精英一代传递的更多是自由、野心、自律和从容，还有那种不轻易放弃的勇气。而穷人传给下一代的，大部分是自卑、怨天尤人、认命、短见、懒散、畏缩、不敢冒险。

所以，真正的拼爹，绝不是靠金钱、荣誉和社会地位的传承，而是拼父母的见识、态度、胸襟。你的观念决定你的行为，你的层次决定你的眼界，你的行为和眼界决定你的孩子走在哪条路上，接受什么样的教育，然后成为什么样的人，做出什么样的成就。

所有的父母都会有这样一个问题：我将养育出一个什么样的孩子？想要得到答案，不妨先问自己另一个问题：我将怎样对待我的孩子？我是否能蹲下来抱抱孩子，能不能打开耳朵听听孩子，可不可以挤出时间陪陪孩子？

有一次搭出租车，因为下雨堵车，我比较焦急，但是司机好像更焦急。他看着这么堵车，跟我说："先生，能不能送您到前面的地铁口，您自己搭车过去，应该快一些。"

我就觉得奇怪，说："等车也会计价的，别急呀！"

"不是这个问题，我送您到前面，车费全免，因为我还有事。"

看到我诧异的表情，他跟我解释说今天是孩子的生日，自己答应回去陪他一起吹蜡烛的。

"你是一个好爸爸，就前面下吧！车费我全给。"我说。顺便跟他聊了一会儿。

他说他们这个行业很辛苦，没有时间陪孩子，自己是想方设法陪孩子。我说你的那些同行是不是都跟你一样。

"不是的，很多人交班之后，会去网吧玩几个小时，然后回家睡觉，睡醒后继续开车。每天就这样重复。"他沉默了一下说，"但是我每天会用那几个小时陪孩子。"

我对他更加钦佩了，做他的孩子一定是幸福的，我相信他的孩子一定也非常优秀。

有多少父母，就输在那几个小时上。不是因为穷，也不是因为太忙，而是根本就没有这个心思，没有想方设法参与孩子的成长。一个天天喊忙而忽视孩子成长的父母，绝对是孩子的悲哀。

回到现实中来，我们不能否认不同的家庭环境、不同的家庭条件对孩子的成长有着巨大的影响。我们无法改变出身，无法回到过去的那些人生的关口上重新选择，但是作为父母，无论条件多么不如意，也都要努力生活得更好，努力给孩子更好的成长条件，这样孩子才有更多的机会。

说到底，真正的教育，还是要靠拼爹，拼的是父母对孩子倾注的心血。是每天温情的生活陪伴，是喜悦时的分享，是失落时的鼓励，是生活方式的影响，是为人处世的榜样力量，是一个灵魂对另一个灵魂的唤醒，是一个生命对另一个生命的守护。

夸奖孩子是一门艺术

❶

前几天，几个带娃的朋友周末聚在公园玩。儿子就跟几个小朋友一起兴奋地玩着游戏。他们在比赛爬坡，看谁能第一个到顶。结果几轮下来，有一个年龄小一点儿的男孩总是最后一个才到。小男孩不高兴了，闹脾气说不玩了。

这时我就跟这个小家伙说："你其实是跑得最快的那个了，只是年龄还小，所以跑不过哥哥们。"

这时朋友就过来，瞪着小家伙说："愿赌服输，比赛输了就是输了，你说不玩就不玩啊。"

我跟他说："本来就是孩子小，你别责备啊，孩子要多夸夸呢。"

这时小家伙的眼泪就在眼眶里打转。

我知道朋友一直对儿子的期待很高，所以非常严格，可以说是出了名的虎爸。他自己出身农村，没有任何背景，也进了政府单位工作，可想是吃了多少苦。所以他就说："不能夸，这个时候还夸，那怎么教？一个男孩子，哪能这点儿小事都输不起？"

我们对男孩就是多了很多偏见，觉得男孩不能哭，否则没有男子汉气概，觉得男孩一定要学孔融，否则是小家子气，觉得男孩不能夸，优秀是必需的，怕夸了会变骄傲，对于犯错也是零容忍。可是，这样的孩子，内心是怎样的呢？

其实，每个人心中，都有一个渴望被肯定的小孩。

有一个朋友，曾跟我说起过自己的童年经历。小时候他的数学成绩一直不好，但三年级的时候他努力了一把，从及格线直接跳到了80分。他那天觉得自己读书的劲儿都足了很多。因为老师当着全班同学的面表扬了自己的进步，所以他非常兴奋地跑回家，告诉了妈妈这个消息。没想到妈妈连问都没问一句，直接说了一句：考80分就高兴啊，有本事考一个100分给我看看啊。

我们常常会看到这样的情形，孩子考了90多分回去，希望得到父母肯定的时候，有的父母却说："没什么高兴的，为什么你丢了那几分？"

孩子当了小组长，就迫不及待地跟父母分享，有的父母却说："当小组长有什么骄傲的，考第一名才有用。"

……

所以朋友说他一直很自卑，跟妈妈有很大的关系。他说虽然妈妈从来不夸他，可他每次都满怀期待希望被妈妈肯定。所以当加了工资的时候，他不是好好犒劳自己，而是赶紧打电话告诉妈妈，而妈妈每次都说村里谁谁的工资早就过万了。他挂了电话后，心情低沉，可内心还是希望父母能为自己感到骄傲。

心理学发现：越是得不到父母肯定的人，希望获得父母肯定的心情越强烈。而且不管年龄如何，境遇如何，处在人生的哪个阶段，这种渴望都会存在。

所以，为人父母，我们如果没有肯定自己的孩子，孩子的内心就会永远有一个口子，特别是被否定后的"无价值感"会终身相随。而有些不好的标签，更会让孩子自卑终身。

相反，父母的肯定和鼓励，会给孩子带来无穷的勇气和自信。

曾看到一个这样的故事，让人感动。

有一个孩子出生时脸上有一块巨大丑陋的胎记。

那紫红色的胎记从左侧眼角一直延伸到嘴唇，好像有人在他脸上竖着划了一刀，面目狰狞吓人。所以同学们都不太愿意和他玩，孩子变得自卑而孤单。

他的父亲发现这个情况后就告诉他："儿子，你出生前，我向上帝祷告，请他赐给我一个与众不同的孩子，于是上帝给了你特殊的才能，还让天使给你做了记号。你脸上的标志就是天使吻过的痕迹，天使这样做是为了让我在人群中一下子就能找到你。"

并且爸爸还把这个故事讲给孩子的朋友们听。

朋友们都很羡慕这个被天使亲吻过的孩子，都争着和他玩耍，他们甚至抱怨为什么自己出生的时候没有被天使吻过。

于是，这个孩子不像从前那样自卑了，因为他有着"幸运"的胎记。而且开始试着参加一些公开的活动，慢慢地，他越来越开朗和自信了。凡是与他打交道的人，都会不由自主地喜欢上他。

美国心理学家詹姆士说："人最本质的需要是渴望被肯定。"为人父母者，也能感受到孩子的这种渴望。

比如我经常会听到儿子说：

"爸爸，你看！"

"爸爸，我又赢了！"

"爸爸，我觉得很难，但我还是想办法做好了。"

每次我都会认真地对待他的"表现"，给予他积极的评价，或者拍拍他的肩膀，或者摸摸头，肯定他的作品或者成绩。而且我发现，有了我的鼓励，他遇到了困难也不会马上就放弃。

其实孩子的这种渴望被肯定的心理需求，在个体心理学上就是对卓越的追求，有了这种幸福的体验，孩子会更加自信，保持上进心。

4

有妈妈会说："我就是经常夸孩子，但孩子反而不自信，这是怎么回事呢？"

这要看看是怎么夸的。父母要夸孩子的"努力"，鼓励他不断加油，夸孩子具体的行为。比如自己吃完了饭，或者独立完成了家务，或者帮助了其他的小朋友。这时就要及时地夸他：

"继续努力，加油！"

"进步很大，我相信你！"

"干得漂亮，继续保持！"

不要给那些华而不实或者虚情假意的夸奖。比如有很多父母，特别是老人，经常会夸"我家孩子是世界上最棒的，最聪明的！"这样的夸奖本身就不对，我们不能让一个孩子从一两岁开始就觉得自己是"天下第一"。因为比自家孩子厉害的孩子太多了，在学校，如果老师一直在夸奖学习好、表现好、上进的孩子，却不曾夸他，他就会沮丧、厌学，渴望回到家里这个有人夸的环境。

所以，做父母的请记得：孩子需要父母看见自己的努力，真诚地为自己鼓劲。在孩子需要肯定时，千万别忘了为他竖起大拇指。

家有男孩，请狠狠地爱

面对一个小男孩，他用发亮的眼睛看着你，叫你爸爸的时候，你的内心是怎样的温馨、幸福；当他调皮捣蛋时，你是不是又会有点儿小小的烦躁；爱蹦爱跳的他，有时特别黏人，有时又希望自己一个人去玩；有时乖巧懂事让你开心不已，但有时又叛逆顶撞，让你气得头皮发麻。

尼尔森在《正面管教》里提到一个故事：一位年轻的父亲为自己4岁儿子总是突然大发脾气而深感沮丧和困扰。斥责和惩罚只是使其愈演愈烈。这位爸爸了解到，一个行为不当的孩子是一个失望的孩子，而且鼓励是处理不良行为的最好方法。在这位爸爸看来，倒是有点儿像在奖励不良行为。不过，他决定试一试。

当他的小家伙又一次突然大发脾气时，这位爸爸蹲了下来，向孩子大喊：

"我需要一个拥抱！"

他的孩子一愣，抽泣着问道："什么？"

爸爸再次喊道："我需要一个拥抱！"

他儿子停止抽泣好长一会儿，才不敢相信地问道："现在？"

爸爸说："对，现在！"

儿子看上去完全懵了，但他停止了哭闹，并且有点儿不情愿地说："好吧。"然后，他动作僵硬地给了爸爸一个拥抱。很快，僵硬就消失了，父子俩融化在彼此的怀抱里。

过了好一会儿，爸爸说："谢谢你，这正是我需要的！"

儿子嘴唇微微颤抖地说道："我也一样。"

孩子生气的时候抱抱他吧

我一直相信鼓励和拥抱的力量，儿子每次发脾气的时候，只要不是原则性问题，我就会蹲下来抱起他，很快他的脾气就消散了。如果我批评他的话，他的脾气就要僵持1个小时。

孩子有时就是需要一点儿这样的特权和宠爱，父母完全可以满足他。特别是小男孩，他们的情感比女孩要更加脆弱，需要更多的关怀。

有妈妈问我，孩子1岁9个月，经常发脾气，要不要打他？我说，你还是多包容理解孩子吧，多抱抱他。一两岁的孩子，怎么宠爱都不过分。他需要通过肌肤触摸得到满足，获得足够的安全感，他更想让你带着他四处走，所以多抱抱他吧！

理解男孩的那些冒险及挑衅行为

每次带儿子去公园的大广场，他就会趁我不注意拍我一下，然后跑到前面喊：快来追我呀！来呀，你这个胆小的爸爸，敢追我吗？他想尽办法挑衅我，就是希望让我参与到他那个你追我跑的游戏中。

每次我都会很努力地去融入他，扮演恐龙，扮演警察，扮演吸血鬼……各种角色，还真锻炼人。每次跑一圈下来，汗流浃背。

有时候，他会爬那些石头栏杆。有一次，他爬上去后站在那里叫我给他拍照，好几个奶奶牵着跟他年纪差不多的孩子从旁边走过。那几个男孩也要爬。一个奶奶说："太脏了，你不知道那些栏杆上有细菌吗？你想肚子疼吗？"还有一个奶奶说："你想爬上去摔下来吗，摔断胳膊怎么办？"

　　两个孩子乖乖地跟着奶奶走了。我听到两个老人还小声地嘀咕着，我想他们一定是在说我这个爸爸带孩子不靠谱吧。可我就是这样带孩子的，而且我觉得男孩还应该由爸爸多带。因为一个全速奔跑的男孩，不是谁都能追上的，一个总想尝试冒险的男孩，也只有爸爸敢于放手吧。

　　有人说爸爸带的孩子更聪明，我没有仔细研究过，但可以确定的是，爸爸带的孩子胆子更大，更勇敢，跑得更多，玩得更疯，关于生活中的一些问题懂得更多。那些冒险的事，那些稀奇古怪的问题，那些需要耐心解释的物理现象，也正是爸爸们乐于解决的问题。

　　孩子们需要广阔的空间和自由的行动，他们依靠运动和攀爬来发育他们的大脑。父母要做的不是制止，而是在尽量保证孩子安全的前提下，去激发孩子天生的空间判断能力，去强健他们的筋骨。各种感官综合的经验带给他的是更健康的发展。

容忍男孩保留自己独立的空间

　　这个空间主要指孩子的心理空间，比如他们的选择，他们的坚持和小小的任性，甚至他们的叛逆。

　　很多任性其实是孩子的敏感期所致。这里介绍几个比较主要的敏感期：

　　秩序敏感期：2~4岁

　　特点：这个敏感期是每个孩子都会经历的，比如为什么孩子一定要把杯子放在一个固定的地方，为什么一定要先穿左边的鞋子，为什么一定不准爸爸睡他的右边而要睡左边？为什么门一定要由他来开？很多时候，我们以为这是孩子任性，其实不是的，这个敏感期对父母的挑战非常大！

大部分孩子3~4岁进入秩序敏感期，最突出的表现就是身边每一件事都得按照他的想法去做，否则情绪就会产生剧烈变化，发脾气、哭闹。

儿童发展心理学家认为，儿童执拗的敏感期，可能来源于秩序感。在建构秩序感这一特殊品质时，儿童的过分需求常常被认为是"任性"和"胡闹"，儿童在这一时期常常难以变通，有时会到难以理喻的地步。目前还不知道其真正原因，但儿童的心理活动一定是有秩序的，当他没有超越这种秩序时，就会严格地执行它。这是每个父母都应该认识到的。

建议：孩子会因为秩序而产生自然的快乐，也会因为秩序错乱而乱发脾气。对于正处在秩序敏感期的孩子来说，只要物品离开了它们应该在的位置，他就会很快发现，并且要求把物品回归原位。因此，父母需要耐心观察孩子的行为表现，理解并帮助孩子秩序感的发展。

占有敏感期：3~4岁

特点：孩子强烈地感觉到了占有、支配自己所属物的快乐，并且对你的大道理一概不听。

比如有一次，一个小家伙要玩小小鱼的滑板车，他不准，两个人差点儿打起来。我把他带回家后问他："你觉得那个小弟弟怎么样？"

"好玩。"

"那你想跟他一起玩吗？"

"想！"

"那他的玩具你喜欢吗？"

"喜欢！"

"那你的滑板车可以借他玩吗？"

"不行，那是我的！"

……

不管怎么样都绕不过去，我最后还是尊重了他的选择。

心理学认为，孩子只有在完全拥有物质并可以自由支配时，才可能去探索物质背后的精神，才可能超越于对物质的占有。而当这些物品的所有权完全属于孩子自己时，交换就开始了，而这要靠孩子的自觉，家长不要过早地进行干涉。可以给予引导，慢慢让孩子进行人际交往。

建议：尊重孩子的选择和意愿，不要觉得孩子大一些就一定要让孩子把玩具让给更小的孩子。在这个问题上，年龄和面子都不应成为伤害孩子的利器。

给孩子提供一个独立的空间，比如一个属于孩子自己的房间或者区域。在你进入他的房间或者区域时，一定要征得孩子的同意，尊重孩子的空间。

自我意识的敏感期：1岁6个月~3岁

特点：区分我的和你的、我和你的界限。主要表现为从开始说"我的"到开始说"不"，到开始打人、咬人，再到模仿他人。渐渐地孩子有了自我意识，这时的孩子出现的最多的现象是划分我的，以便清除你的，同时通过说"不"来强化自我意识，我说了算是最重要的。如果发生不符合他心意的事情就会大哭大闹，表现出完全的以自我为中心。

建议：不要用父母的权威来压抑孩子的自我独立觉醒，男孩成长到大约2岁时，开始了走向独立的第一步。从这时开始，父母要有意识地给他创造适当的身心独立的空间。不要压制他的反抗，而要观察、思考和理解他反抗背后的心理原因和意义，找到缓释和解决的办法，否则可能会阻碍他内在自我的发展。

明白男孩的注意力不如女孩

男孩的注意力不如女孩，这是很多父母反映的一个问题。有的妈妈说："我每次叫儿子看书，他只埋头玩自己的玩具，就好像没听到，但我感觉他是在故意逃避我，该怎么办？有时候我真的想揪他的耳朵。"

其实，这是个普遍存在的现象，但父母的反应和处理方式是非常重要的。有时候我叫小小鱼做某一件事，他如果没有理我，一直做他自己的事，我就等他做完，或者参与进去陪他一起做。当他接纳我之后，我就能够跟他说我要他做的事了，这个时候他就很容易听我的话。

所以，当你说了好几遍，他也没听见时，你完全不必生气，也许他根本就没听见，因为那不是他想听的，一开始就屏蔽了。这种情况下，不管你怎样不断地重复命令，哪怕是歇斯底里地愤怒也都是无用的。有时候，在他们非常专注地干一件事情的时候，也是听不到第二种声音的。如果你强行干涉，反而破坏了他的专注力。这时你不妨走过去，蹲下来看着他的眼睛，温和地跟他讲话，让他感觉到你，他就很容易把注意力从其他事情上转到你身上。

第四篇

阅读，
藏着孩子的未来

孩子阅读的关键十年，你在做什么

①

关心孩子的升学问题，关心学区派位，关心孩子的期末成绩，关心孩子在学校的排名……我有一个叔叔，每次见我一定会谈他家的孩子最近参加了什么培训，在班上的名次如何如何，我每次都是默默地听着，有时也稍作反应，应答几句。

他家的孩子偷偷读马小跳，被他骂了很多次，在他家，只能看课本，不能看这些闲书。我跟他谈论孩子阅读的黄金期，简直比登天还难，他总是回应一切等中考完再说，然后又是一切等高考完再说。

好熟悉的情形，我们当年不就是这样过来的吗，一切等高考完再说，可是等上了大学，还有多少人会去重新认真读书。想必年轻父母们心里都很清楚。

而很多父母每次一听说要父母以身作则带孩子读书就傻眼了，很大程度上也和这个有关系，因为自己当年根本就没有阅读习惯，更没有去思考怎么阅读，怎么引导孩子去阅读。

孩子阅读习惯的培养，阅读能力的形成，跟孩子其他方面的成长一样，是有关键期的。让我们来听一个故事和一个人的经历。

有一次，几十位诺贝尔奖获得者在一起聚会，一位西方媒体记者问其中一位获得诺贝尔奖的科学家："请问您在哪所大学学到了对您来说最重要的东西？"这位科学家平静地回答："在幼儿园。"

"在幼儿园？"记者显然对科学家的回答感到诧异，但仍故作镇定地问："在幼儿园学到了什么？""学到了与小伙伴分享，不是自己的东西不要拿，物品要摆放整齐，做错事情要道歉，仔细地观察大自然……"科学家认真地回答道。

一位诺贝尔奖获得者，居然说在幼儿园学到的东西对自己一生影响最大，简直就是矫情嘛。真的是在赚取眼球作秀吗？

莫言，第一个获得诺贝尔奖的中国人，他的成就是可以载入史册的吧。我曾经对莫言先生的一些经历关注过，发现一个事，那就是莫言先生读书多，特别是儿童时期，喜欢读闲书，整个青少年时期，一刻也没停着，一直在读着。

莫言小学时便经常偷看"闲书"，包括《封神演义》《三国演义》《水浒传》《儒林外史》《钢铁是怎样炼成的》等等，那个时候应该能看的书都被他给看了。

莫言在小学五年级时就辍学了，然后就开始了10年的农业生产，"文革"期间他无书可看时，就读《新华字典》。后来读《中国通史简编》，之后就一直背着这套书走出家乡。

事情就这样结尾了吗？

不是的，如果这样，他应该不会成为诺贝尔文学奖获得者。

1976年莫言加入中国人民解放军。在部队担任图书管理员期间，莫言阅读了大量的文学书籍，图书馆里1000多册文学书籍全部看过。

文豪大概就是这样炼成的吧，1000多册够你读多少年呢？

第一个诺贝尔获得者告诉我们：趁早培养孩子的习惯比一切都重要。

第二个诺尔贝获得者告诉我们：童年时期保持的阅读习惯，能造就奇迹。

从出生到10岁，是孩子阅读的黄金十年，最需要做的就是阅读习惯的养成。

因为孩子在0~6岁有一个感官关键期，从出生起，孩子会借着听觉、视觉、味觉、触觉、嗅觉的感官来熟悉环境，了解事物，这个时期孩子就可以接触图书。

很多父母会问我几个月大适合开始阅读，这个其实并没有一个标准答案，有些孩子在胎儿期就开始听妈妈讲故事了。

我家孩子正式开始阅读是从半岁的时候，从最基本的识物卡片开始的，然后就是翻翻书、游戏书、洞洞书等，从培养孩子跟书本的亲密关系开始。

最初需要由父母陪伴，进行亲子共读。这个时期的努力，将为接下来阅读习惯的培养打下坚实的基础。

蒙台梭利指出，幼儿有一个文化敏感期。它萌芽于3岁。在这个时期，孩子会有一个识字敏感期，此时期的阅读建议是：可以给孩子阅读一些经典绘本，千万不要觉得孩子不识字，就不给他阅读，而是要多阅读，让孩子从宏观上认字。

这个时期，孩子还不能够分解字的笔画，不能书写，更不能掌握字的含义，但他会对文字有一个整体的印象。

5~7岁，孩子进入大量认字的阶段，可以读一些简单文字类的图书，比如童谣等互动认知的图书，以及经典绘本故事书。

7~8岁是一个非常特殊的时期，孩子认识了大量的文字，父母会有期待，希望孩子能够独立阅读，但是孩子还是依赖父母的陪伴。而且，孩子会拒绝纯文字的图书，更喜欢绘本和漫画。

很多父母有一个误区，就是觉得图画书是小孩子的玩意儿，殊不知这个阶段的孩子处于阅读过渡期，反而要给他们一些好的图画书，需要更好的故事情节，更有冲击力的画面。我管这种书叫作桥梁书，它能够起到很好的引导作用。

8~10岁，孩子在经历了幼儿期识字、由图向文字的转变、初步建立阅读兴趣之后，开始有自己明确的阅读爱好。这时应该进入他一生中第一个，也是最重要的一个黄金阅读期。

这个时期可以读文化底蕴深厚一点儿的书，不能再简单地停留在绘本阶段，比如"诺贝尔青少年系列""国际安徒生奖大奖书系"，还有一些世界名著也可以开始涉猎。

这个阶段，孩子就像一块海绵，吸收着周边的信息，识字量不断增加，阅读的触角不断伸长，阅读的视野不断扩大，父母需要做的是帮助孩子打开眼界，不要停留在校园小说、探险推理小说、漫画或者网络文学的某一种类上，而是要驰骋于各种题材之间。

如果在这个黄金时期没有让孩子的阅读习惯得到很好的培养，将会造成不可挽回的缺憾。到了高年级或者大学，要想再去弥补，难免"先天缺陷"，无法治愈。

为什么要在10岁前培养阅读习惯呢？因为这一阶段是孩子大脑发育的关键期，也是孩子学习的关键期，无论好习惯还是坏习惯主要是在10岁前形成。

卢梭曾经这样说："人生当中最危险的一段时间是从出生到10岁。在这段时间中，如果不采取摧毁种种错误和恶习的手段的话，它们就会发芽滋长，以致后来采取手段去改的时候，它们已经是扎下了深根，永远无法拔掉和剔除了。"

阅读的黄金十年，给予父母三个建议：

（1）为孩子营造一个读书的氛围

关于读书的氛围这件事，我从最近的一个发现开始说，我们家小小鱼是爱读书的，但是如果我在看电视，他会走过去说，我要看动画片；如果我在看手机，他就会走过去说，我要玩游戏；如果我在看书，你猜他会怎么样？他就要我给他讲绘本。

这样够清楚了吧，如果你天天追剧，不如好好栽培自己的儿子。

如果家里的电视机的声音慢慢消失，书房的书不断增加，去图书馆的次数多了，给孩子增加书的速度高于应酬吃饭的次数，那么慢慢就会在家里形成一个读书的氛围。

（2）为孩子选择合适的图书

很多人向我咨询给孩子读什么书好，我一般会首先问孩子读过什么书，喜欢什么类型的书，我发现很多妈妈根本就不清楚自己的孩子的阅读理解能力如何，所以选书就无从谈起。

另外就是对出版社和图书的分类、来源、渠道就更不了解了。因为每个人的精力有限，熟悉的行业不一样，所以情有可原。

　　但还是希望父母在孩子的身上要多下功夫，只有坚持亲子共读的家庭，积极参与孩子阅读的父母才能对孩子的阅读能力有一个好的把握，而这是选择图书的前提。

　　因为每个孩子的阅读能力不一样，孩子从生下来认识事物时就开始锻炼自己的各种能力，不同的孩子一定是不一样的，比如有些孩子7岁就能读懂9岁孩子的书。这需要父母多花心思去观察，去引导，不要觉得一个书单或者老师的几句话就能解决问题。

　　另外就是看孩子的兴趣，不要逼着他去读。有些妈妈看到孩子天天只读漫画，就逼着他去读文学书籍，孩子一下子肯定接受不了。不妨给他一些故事性强的美绘图书，给孩子一个过渡。

　　此外，选书还有一些硬性指标：

　　1.纸张、油墨、印刷精美安全，厚度、尺寸要适当。

　　2.太便宜的有问题。淘宝上面那种3块钱一本的书就不要给孩子多看了，最好是不看，因为味道大，有时还印刷错误。还有那种长期9.9包邮的书，内容暂且不说，只算一下制作成本加上快递费用，这本书能保证质量吗？销量巨大与图书质量并无必然联系，对于网购先看销量排名的父母来说，这一点尤其值得注意。

　　3.对于小孩子来说，圆角的图书比直角的更容易得到保护。尺寸方面，对于大孩子没什么要求，但是小小孩更喜欢小一点的，比如手掌书、手指书简直就是他们的最爱，因为他们的世界都是小小的。

　　4.关于选书还有一个重要的点就是均衡：给孩子吃东西，我们讲究营养合理搭配，选择图书也是如此，不能孩子爱读漫画，家里就只买漫画书；孩子喜欢地理历史，那就不管其他自然科学；孩子喜欢童话故事，那就不读社科文学。给孩子读书，也要荤素搭配，内容多元化，让孩子的视野变得开阔。

（3）自己心里有一个成熟的阅读习惯培养计划

选择书也是读书计划的一个部分，在孩子小的时候（6岁以前）基本是父母做主，给孩子制定合理的读书计划。

怎么才算合理呢？

一是读合适的书，二是坚持合适的阅读时间和频率。如何读合适的书，在上面已经谈到。而坚持阅读就需要父母的引导和监督，孩子的自控力是不强的，特别是大孩子，他们有自己的主见，不希望总是被父母主导，他们需要参与，这时就要给予他们这个机会，书的选择和阅读时间都一起商量，充分尊重孩子的意见，不可强迫孩子接受大人所认为的好书，而要从孩子的角度出发，考虑他的兴趣，然后严格执行。

另外在给孩子读书时，千万不要把一堆书同时放在他的面前。很多妈妈喜欢把自己买的套装书一次性给孩子，这样做会让孩子无所适从。对于希望孩子读的书，要有一个计划，比如先给他其中最精彩的几本，然后再慢慢读完，效果会更好。这样能让孩子精读，并保持新鲜感。

做爱阅读的父母，孩子才会爱阅读

每年的4月23日是世界读书日，这会让人们一时间对阅读关注起来，但热情过后坚持读书的人还有多少呢？阅读不能像一个热点，更不能像一阵风，它应该成为人们生活的一部分，如同柴米油盐一般融入普通人的家里。

要一群为了生计奔波的人捧起书本去阅读，自然是很困难的，心难静下来，又怎么能读得进去呢？更多的人会说没时间，而真正的原因应该是没有习惯。

要一个觉得阅读无法带来直接财富或者收获，也不爱阅读的人去养成阅读的习惯，谈何容易，我们一直提倡父母自我成长，亲子共读才能收获更多。

②

图画书是孩童世界不可或缺的一部分，它为孩子们营造出了一个纯真、美好的童年。这个是不分年代的。

我的阅读启蒙应该开始于7岁，那时候没有绘本，也没有人提亲子共读的概念，纯粹是出于爱好，去四处搜罗连环画。往往还要被大人揪耳朵，说不读学校书，净读些没用的。我相信很多80后父母就是这样，拿着手电筒在被窝里开始了自己的阅读启蒙。

和很多朋友聊天，大家会有同样的感受：如今的孩子真幸福呀！能读的书这么多。但是真正得到很好的阅读启蒙的孩子却并不多。

我家的小小鱼的阅读是从8个月开始的，那时候他只能咿咿呀呀地叫，我就开始指一些卡片上的物体、动物、颜色、形状给他认，他很感兴趣，我知道他并不能记住，但我还是坚持跟他每天玩几分钟。我压根就没想过要他能记住，或者有什么表现，只是想要让他觉得爸爸跟他这样玩很有趣，所以每次我都会扮鬼脸，学动物的叫声。

到了1岁多的时候，神奇的事情就发生了，他看过的那些卡片基本都能认得，看来婴儿时期的那些玩乐还是效果非凡。在孩子出生后，各种感官发展速度很快，事半功倍应该就是这样的效果。

有不少父母认为，孩子就应当玩儿，哪能那么小就读书呢？其实图书也是很好的玩具。故事能够给孩子玩的养料，让他有更多的玩法，比如他会模仿、会发散，这些都是思维发展的需要。

我自己也提倡孩子要多玩儿，但不反对阅读，只是不提倡参加智能开发班，或者各种培训班。尤其是在3岁前将孩子送去早教，是完全没有必要的，这个年龄段的孩子只要有玩和亲子共读就足够了。

小小鱼2岁的时候最喜欢的几本绘本是：《小黑鱼》《猜猜我有多爱你》《野兽国》，给他带来了很大的快乐。他喜欢小黑鱼那小机灵的样子，幸运地逃脱了大鱼的追咬，在逃跑的时候发现了这么美的海底世界，最后还能想办法将大鱼吓跑。那时候他就明白，遇到困难要想想办法！所以到现在，我说遇到了麻烦，他会跟我说："爸爸，想一个办法就好！"他觉得自己的脑袋里装满了办法。

《猜猜我有多爱你》这本书是最适合亲子共读的绘本，因为这本书能够激发每一位父母内心的爱，我每次给他读到后面的时候都会变得充满了爱意，小家伙也能感受到我们的变化，那种亲子间的亲昵就是在这些时候联结起来的，非常神奇。绘本就是桥梁。

2~3岁的孩子，常常会重复读一本书，比如《小黑鱼》这本书，小小鱼就读了几十遍，我每一次都认真地给他讲，从来不会因为自己觉得重复枯燥，就将这种情绪带进去。因为我知道孩子每一次听故事都会有新的收获。

有不少孩子在某个阶段会坚持重复阅读一本书，对别的书兴趣不大。这时父母可以在他读完那本之后，跟他说今天加一个新的故事吧，也非常有趣，孩子觉得自己能够多听一个，往往会同意，这样就拓展开了。

还有一个办法就是给孩子读跟他喜欢的那个故事绘本类似的故事，孩子也会很感兴趣，举一反三的收获也会更大。

也可以在这个重复的故事上去进一步挖掘，比如这个故事的背后还有什么故事，这个故事还会有其他的结局吗？可以试着跟孩子一起讨论、想象。

小小鱼现在看书有一个偏好，就是恐龙，凡是跟恐龙有关的绘本图书他都超级爱，这样就会失去另外一些图书，而这些图书本身也是很有意思的，这怎么办呢？这里就要说到一个阅读兴趣的问题。

保护孩子的阅读兴趣非常重要。如果你看到孩子总是读一种类型的书，就对他不满，强迫孩子读你规定的书，那就会打击孩子的阅读兴趣。

有一些父母，一定要按照自己的意思让孩子去理解，比如孩子觉得一个图像一个面包，妈妈一定要说这是一所房子。有些简笔绘本，孩子说这个是猫，妈妈一定要说是老虎，最后两个人争得不欢而散，读不下去了。

在孩子还小的时候，读绘本的时候我们可以糊涂一点儿。比如读《小黑鱼》，第一个画面就是一条大鱼追咬小红鱼和小黑鱼，那条鱼是金枪鱼，但是小小鱼当时一看到就兴奋地跟我说："爸爸，快看，是大鲨鱼！"当时我就跟着他的意思去读了。

因为跟一个2岁多的孩子去说大鲨鱼和金枪鱼的区别，我觉得有难度。等读到电鳗的那一页时，他觉得是带鱼（这个鱼家里买过），实在长得也像。所以每次都兴致勃勃地跟着他去讲这个故事。

到了今年，我又一次给他讲，他说大鲨鱼的时候也没有当时的兴奋了，我很认真地跟他说："宝贝，爸爸今天要告诉你一件事，这个不是大鲨鱼！"他当时很奇怪地看着我，那是什么鱼，我说是金枪鱼。他说为什么，我说这个鱼就是金枪鱼，你看看是不是跟大鲨鱼长得不一样，这个时候他对大鲨鱼已经能够清晰地去分辨了。

❺

有不少孩子，2岁多的时候很爱读书，爱听故事，但是到了3岁多就抗拒了，不想阅读，这种情况该怎么引导呢？

对付这种叛逆期的小家伙，父母越是期待他如何，他往往就抗拒你的期待，用对抗来展现自我。这样的话就要欲擒故纵，吊他的胃口，特别是男孩子，你拿他们喜欢的冒险、车子、恐龙等题材的书放在那儿，他们会自己去翻。天性使然。

作为男孩子的父母，在引导上需要花更多的心思，不仅仅需要鼓励和陪伴，在图书的选择上，更需要了解孩子的爱好。选择一些让男孩觉得带劲的书，如果你的孩子是恐龙迷，那就选择一些恐龙绘本，还有一些冒险题材的书，他一定喜欢。

如果是大男孩，那就在科幻、推理、冒险小说上下点儿功夫。比如冒险小说《驯狮少年》、推理科幻小说《尤利西斯·摩尔》，类似于这样的小说才会吸引他读下去。另外还要运用多种方式，假如他不喜欢阅读很厚的书籍，父母可以换种方式，借用一些音频工具来听这些故事，很多故事听了后就能勾起孩子的兴趣，孩子会更有感觉。

比如《格列佛游记》或《哈利·波特》系列等书也适合男孩子阅读，因为这些小说被翻拍成了电影，我们可以在和孩子共同读完小说后一起去看一场这个电影，那么孩子的兴趣会更浓，收获也会更大。

当然，这个类型的小说很难把关，因为市场上这样的图书比较杂乱，比如有些言情小说、校园小说，非常受欢迎，几乎泛滥成灾，影响孩子正常的学业，这时候就需要父母进行正面引导。在孩子有了阅读的兴趣后，家长不妨补充一点儿经典图书给孩子。

王国维在《人间词话》里说："古今之成大事业、大学问者，必经过三种之境界：'昨夜西风凋碧树，独上高楼，望尽天涯路'。此第一境也。'衣带渐宽终不悔，为伊消得人憔悴。'此第二境也。'众里寻他千百度，蓦然回首，那人却在灯火阑珊处'。此第三境也。"

亲子阅读也有三个境界：

第一个是知心：就是要充分认识自己的孩子，了解孩子的阅读水平。

第二个是用心：就是要寻找适合自己孩子的方法，在不同的阶段给孩子最好的方法。

第三个是无心：到了这个阶段，主要靠孩子自己去悟。这也考验家长的智慧，不要让孩子觉得阅读苦累，也不要让孩子失去对阅读的兴趣，更重要的是，不要有功利的目的，不要为解决某个问题而给孩子找书读。

阅读是慢活儿，或许你很难在短期内看到阅读带来的改变，但这种改变往往就在不经意间发生。想要培养爱阅读的孩子，就要先做一个爱阅读的父母，在亲子阅读中成长的不仅是孩子，更有自己。

让孩子爱上阅读的六条建议

任何兴趣与习惯的养成，都需要精心培养，培养孩子的阅读兴趣和习惯离不开父母的努力，因为没有哪个孩子天生爱阅读，所有的兴趣都来自环境的影响。

对于培养孩子阅读兴趣与习惯，我个人有一些切身的感受，我总结成六条，在这里分享给大家。

1.家庭的读书氛围和父母的以身作则

在一个家里，如果没有书，没有爱书的人，那么孩子是很难爱上阅读的。如果父母只对电视剧或手机感兴趣，如果父母总拿忙作借口，不肯静下心认认真真读点书，那就不要怪孩子不阅读，要先反省自己。

相反，父母如果爱好阅读，家庭必然会有很好的阅读氛围，这是引导孩子爱上阅读最好的方法。适合孩子看的书尽可能摆放在孩子触手可及的地方，这样便于孩子随时翻阅。每天最好有半小时到一小时固定的阅读时间，大家一起读，效果最好。

2.举办小小读书会

让孩子和小伙伴们一起读，邀请孩子的朋友来家举办小小读书会，可以让阅读变得非常有趣。比如我会邀请小小鱼读小学的表哥在暑假的时候来我家里跟他一起读。两个孩子在一起读，更起劲儿。

让几个孩子共读一本书，一起探讨书中的人物，他们自然而然地会进行角色扮演，这也能激发孩子的自我认同。孩子们都有表现自己的欲望，为了能多表达自己的观点，他们会好好读书，记住一些东西，然后去表达出来，这样读书对于孩子们的成长是非常有益的。

3.不要谈有什么用，先开心地读

曾有个妈妈让我给6个月大的宝贝推荐书，于是我推荐了一套视觉刺激的挂图和一套翻翻互动书。然后，这位妈妈就问：第一种书有什么功能？第二种书有什么功能？

为什么要谈功能呢？阅读一定要有功能和目的吗？我是不赞成这样的。

我给孩子选书，只看图书的内容是不是有趣，是不是符合孩子的天性发展，是不是安全可读，从没有觉得一定要通过一套书给他达成某个目的。

当然，有些图书本身有一些附带的功能，比如《恐龙来了：孩子的情绪管理绘本》，它能够帮助孩子认识情绪问题，然后去管理它。但是这也需要一个漫长的过程，不可能读了以后就马上不生气、不发脾气了。即便是父母，读了很多情绪管理的书，脾气也不可能一时半会儿就得到改善。读这样的书，是要让孩子从小就去认识情绪，有了认识，才能去管理它。

这种带有功能性的书固然不错，但更多的书是没有强调功能性的，我们在给孩子选书的时候，不要以此为目的，先开心地读起来才是最重要的。当孩子的心底打开了阅读这扇门，我们才能去谈给孩子读什么书，才能让孩子学到新的东西，明白一些道理。

4. 给孩子准备足够的图书，经常带孩子去图书馆

很多父母很舍得给孩子花钱，好吃的，好玩的，只要孩子开心，眼睛都不眨地一概买回来。相反在买书上却很吝啬。我经常逛书店，看到不少孩子跟父母来书店，父母在旁边咖啡厅喝着咖啡，孩子就坐在地上看书，看完了放回去就走了。还有很多父母，网上购物不断，但几乎没有给孩子买书的。总觉得买书不划算，特别是绘本一类的，因为觉得一会儿就看完了，太不值了！

这类父母真是精于算计，看起来钱都花得很实际，都花在需要花的事情上，但却不知道很多钱是不能节省的。

我一直记得自己读书的时候，最爱去的就是书店，校门口的小书摊，镇上老街的小书店，我都喜欢去看看。每次都要从自己那拮据的生活费里面挤出一点儿钱买书，而且这个习惯多年未变，我每去一个地方游玩或办事，都喜欢去当地的书店逛一逛，感觉很亲近。正是因为对书的爱，才促使我做阅读推广。

父母不仅要给孩子准备书，还要准备足够的书。最近我发现一个事，小小鱼自己会去我的书架上挑图书，然后自己去翻看，这样我就能大概看出他的兴趣，比如那套《忙碌的车轮子系列》和《gogo世界旅行》是经常出现在床上的，他自己去给搬了下来。

因为我家有一面墙放着孩子和我的书，所以，他随手能拿到，各种品类都可以接触一下，这样能够避免阅读"挑食"。当有了足够的书，我们就可以引导孩子，天文地理，文史经哲，小说散文，漫画绘本，都应有所涉猎。

如果还没有条件给孩子足够多的书，那就记得经常去图书馆，办一张卡，就能拥有一馆的书。

不过需要注意的一点是，书多也不能一次性全堆在孩子面前，在给孩子读的时候，还是应该循序渐进，一次给2~5本就够了。书太多了，孩子不知道怎么选择，容易分心，读的时候也难以深入。

5.尊重孩子天性和选择，怎么看、看什么、看快看慢你别管！

每个孩子的阅读能力和理解水平不一样，所以阅读一定要尊重孩子的天性。比如独立阅读，完全可以有一个过渡阶段，可以将单纯的父母读改成亲子共同朗读，然后鼓励孩子也朗读一遍。

经常引导孩子读一些他能自己阅读的比较有兴趣的图书，独立阅读也许在某一天就真正开始了，而在此之前，你应该帮他一起提升阅读能力。

选书的问题也很重要，有些父母说孩子选的书自己觉得不好，自己选的书孩子不喜欢。那怎么办？

那就一起多交流，一起去图书馆看看，帮助孩子增加对书的认识。因为每个人的认知都是有局限性的，只有多看多接触才能更准确地判断。比如有妈妈说孩子只喜欢看动画片版本的图书，就是把动画片的内容简单地搬到纸上的那种书，我是建议不要给孩子经常读的，只可以作为辅助性的图书。孩子喜欢这类书不过是因为看过动画片，觉得画面熟悉、亲切罢了，只要父母引导得当，完全可以避免这种局限。比如可以给他读《三个淘气包》，这本书讲的是一群可爱的小伙伴踏上奇幻的探险之旅的故事。故事新奇有趣，连我自己都要兴致盎然地连读好几遍，孩子肯定会喜欢。

6.尽早让大孩子接触经典读物

很多人都觉得孩子的理解能力有限，不能给他们读深奥的图书，但是对于小学三年级以上的孩子来说，可以开始给他们读一些经典的文学作品了。

尽量给孩子读没有删减的原汁原味的书，不要低估孩子的阅读能力和自我学习能力。这些经典的图书会让孩子的阅读能力不断地升华，进入新的层次。

这个年龄段的经典读物不是很好选择，因为很多新课标都是改编过来的。不过还是有一些经典的图书值得孩子们拥有。比如"青少年诺贝尔文库"，完整地将100多年前作者的文字呈现给孩子们，最大程度上保持了原著的味道，同时图书题材和难度都符合孩子的阅读特点。

阅读没有捷径可走，就靠一本一本书去读。阅读能力的培养是一个缓慢的过程，你无法让孩子通过读几本书就拥有强大的阅读能力。所以这条路需要坚持和用心！

如今，图书的品类大大增加，获得图书的渠道也越来越多，但在孩子阅读习惯的养成上，父母却需要付出更大的努力，因为如今孩子接触的信息量很大，而且接受的方式很多，除了图书，还有很多信息接收方式，如果缺乏监督引导，就容易走偏，比如很多孩子就喜欢看电视，有的孩子就喜欢玩平板电脑，这些虽然使用得当也会成为获取知识的某种方式，但如果不加以引导，很容易成瘾。

相比互联网，图书阅读让很多孩子很难快速接受，特别是0~3岁时没有接触图书的孩子，3~6岁时接受起来就会更难，而0~6岁都没有接触绘本阅读的孩子，等到上小学再去培养阅读习惯那就非常难了。所以阅读要越早开始越好，孩子的抵触心理越轻，越容易接受。

如果孩子并没那么喜欢阅读，父母也不要给他贴上"不爱阅读"的标签，而是要耐心地寻找方法，积极鼓励孩子，帮助他找到阅读的乐趣和方法。

阅读不会让你很快变得富有，也不会让你一时成为焦点，甚至很难帮你考到高分，但是我们从那里得到的东西要远比这些更有价值，他可以让你的精神世界更加富足，心灵不再孤单。对于孩子，这不就是我们能给予他的最大的财富吗？

孩子爱撕书怎么办

有个妈妈说："我家孩子一拿到书就撕掉，一本20多块钱的绘本，瞬间就被撕掉。所以我不会再给他买了。"还有个妈妈说："我想等孩子大一点儿再给他买，免得被他都撕掉了。"甚至有个妈妈因为孩子太爱撕书，所以断定孩子将来不是读书的料。听到这些，我觉得真是可怕！

孩子为什么会撕书?

1.手指敏感期（0~2.5岁）在作怪

孩子是通过手的探索来协调大脑和身体之间的关系的。手的探索是一个很重要的认知过程，手的活动不是一个简短的动作，而是探索世界的行为。世界在儿童的触摸下变得鲜活起来。

可以说手的敏感期是儿童认识世界的开始。就拿撕纸这个简短的动作来说。科学家认为孩子在撕纸的时候，是在进行一项完整的科学研究，孩子把纸片撕开后，会先想想纸是什么材料做的，再闻闻纸的气味，尝尝纸的味道，然后把纸片在空中摇摇听一听纸片发出的声音。这套动作能调动孩子所有的脑细胞来进行研究，因此，当你下次看见孩子在撕纸片的时候千万要尊重孩子的科学探索。

2.孩子的世界里没有钱财意识

孩子不会想到撕书是破坏，也不会想到一本书值多少钱，会浪费。对于3岁以前的孩子来讲，他们的思维很简单，他们甚至意识不到撕书的动作会导致书被撕碎，撕书只是一个他们乐此不疲的动作，这个动作在他们眼里很潇洒。不过，父母们不必担心，孩子撕书的行为和孩子是否喜欢读书没有一点儿关系，不要因为孩子撕书就认定他将来是一个不爱学习的孩子。

3.孩子很享受这个过程

如果父母足够细心，在观察孩子撕书的时候就会发现，孩子脸上有一种愉悦的表情，而且每次的动作都不一样，有的时候眼睛一眨都不眨地、轻柔地撕开，有的时候一下子非常迅速地就撕开了。在完成撕这个动作的时候，孩子的思维是活动的，他会思考怎么撕的问题。

孩子开始喜欢撕书通常是在9个月大时，这个月龄前后，孩子还没有真正到早期阅读的阶段，他们更喜欢学习手眼协调能力。

怎么应对孩子撕书的行为？

1.冷静对待那一堆残破的书

当孩子把书撕破了的时候，妈妈不要斥责孩子，要理解孩子撕书是一种学习的行为，是孩子成长的需要。不要责骂他，否则孩子以为是书让他挨了打，受了骂，让他将错误都归咎于书，那样他会讨厌书，对今后的学习就会造成很大的影响。

当然，一味纵容也是不可取的，一定要告诉孩子，这种行为是不对的，说的时候，注意语气，要心平气和地告诉他，破坏会让他的书再也回不来了，那些可爱的人物就不见了。让孩子意识到行为的不妥，下次他就会注意。

2.将错就错，让他一次撕个够

有的时候，即便妈妈叮嘱了孩子不要撕书，孩子也不一定能控制住自己。那就不妨给孩子准备一个小书筐，在里面放进废弃的广告纸、旧报纸之类的，让孩子充分地完成撕这个动作。当孩子自认为撕够了，就会把兴趣点转移到下一个手部动作上，就不会再痴迷于撕书这件事了。

3.告诉他，撕的是他自己的书

如果孩子撕掉的是很有价值的书，对于一个爱书人来讲是一件很痛苦的事情，妈妈可事先告诉孩子："家里书架上的书都是很重要的，可不能撕掉啊！因为长大了之后，是给你读的，现在你撕掉了的话，长大了就没有书可读了！"孩子到了1岁的时候，已经有了自我意识，当他知道撕书会伤害到自己的利益时，就会加以注意。

4.和孩子一起补书

当孩子把书撕破了的时候，可是一个亲子手工的好机会！父母千万不要斥责孩子，在告诉孩子行为不对之后，可以和孩子一起补书。父母可以捡起被孩子撕破的书，让孩子拿胶水或者胶条，一起把撕开的书对接起来，粘贴好。

　　在粘贴的过程中，孩子一定会抢过来要自己粘贴，这个时候，不要担心孩子弄得乱七八糟，而要耐心地教孩子粘贴的步骤。孩子体会到粘贴的不容易，在撕书之前就会考虑这个能不能撕。

　　父母一定要让孩子知道劳动的艰辛，不要一个人默默地补书，一定要让孩子参与进来，否则，他怎么能感受到这个辛苦的修复过程呢，怎么知道应该学会珍惜书呢?

　　5.给小家伙选择合适的书

　　对于那些1岁多的宝宝，父母需要选择适合他的书，因为他可听不懂你的说教，也难以明白修补过程的辛苦。可以选择一些撕不烂的纸板书、布书、塑料书，也可以用其他旧的杂志来代替，让孩子顺利渡过这一时期。

培养孩子的阅读习惯要趁早

1

　　常常有一些妈妈问："如何让孩子爱上阅读？"我们仔细想想，孩子喜欢什么？你可千万不要说孩子没有喜欢的东西，也许是你没有细心地去发现而已。比如有的孩子喜欢美食，看到各种零食就两眼放光；有的孩子喜欢积木，各种积木玩具堆满了自己的小房间；而有的孩子酷爱小汽车，特别是男孩子，对挖掘机、吊车、大卡车爱不释手；有的孩子呢，就喜欢恐龙，是地道的恐龙迷；还有的孩子喜欢画画，看到墙就想画。

　　每个孩子的性格、气质不一样，喜欢的东西也会不一样。但是兴趣这个东西真的是能引导的，关键就是有没有"趣味"。

　　孩子刚刚来到世上，爸爸有力的臂膀举起他们，他们不会害怕，反而咯咯地笑着，因为实在太有趣了。孩子们不喜欢待在沉闷的屋子里，喜欢去户外，

因为那儿有趣极了。当我们陪伴着孩子成长，就一定会发现孩子的趣味。而一旦父母敏感地捕捉到了孩子的兴趣点，做父母的就会轻松许多。想培养孩子的阅读习惯，也一定要记得从趣味着手。

读书始于趣味。意义、知识等等都在其次，趣味最重要。我们应该都有同感：读书的时候为了考试背的那些书，都在脑海里储存不了多久。但是自己打着电筒在被窝里偷偷看的小说，很多年之后，还是记忆犹新。因为只有感受到了真正的趣味，才会爱上这个东西。

我小时候读书就一直很喜欢唐诗，不是为了在亲戚面前表演，也不是为了考试。那是在八九岁时，偶然在亲戚家的一个旧柜子里翻到了一本残缺的《唐诗》，有一半被人扯掉擦桌子了，另一半就被我抢救过来了。

　　当时看到了杜甫的《江畔独步寻花》，读起来朗朗上口，觉得很有趣，第一次知道简简单单的四句话叫绝句，将一个很美的地方一下子就呈现了出来。感受到了这语言之美，尝到了趣味，多年后一直沉迷其中，乐在其中。

　　后来家里订了报纸，其中有一份《文萃》报，就一直从小学读到中学毕业。每期必读，连那些小豆腐块广告都不放过。因为上面五花八门、千奇百怪的故事和新闻，总是让人觉得有趣得很。

　　为什么要说这些事呢？因为很多父母在给孩子选书的时候，常常首要考虑的不是孩子的兴趣，而是读这书有什么用。

　　读书的功利性已经成为孩子们爱上阅读的一个拦路虎。当孩子从题山题海的应试教育中好不容易缓一缓，你马上就给他们送上一堆世界名著或者新课标必读，或者哪个名师推荐的书目。孩子不想读，但为了不辜负父母的殷切期望，不得不做做样子读上一阵儿，结果没有一点儿兴趣，反而倍感压力，尝到的是阅读之苦。

　　就算是名著，欧美的和苏联的不同，中国的和日本的也不同，另外在体裁和风格上也千差万别，如果没有让孩子自己去体验，找到趣味，而是父母硬塞给他阅读，那么阅读就会变成一件极其糟糕的体验。

　　有不少父母热衷于开发孩子的智力，开发大脑。所以买很多开发大脑的书籍，结果孩子的大脑不知道开发得如何，反而坏了孩子的阅读胃口。

其实阅读好的书籍自然而然会对孩子的大脑有促进作用。比如故事的逻辑和图形，色彩以及对话等等。可是不能本末倒置，不能带着那些目的去阅读。而应该是一种"无心插柳柳成荫"的心态。

养育孩子，不仅仅是养育他们的躯体，更要关注他们心灵的成长。那些好的图书，就能起到这样的作用。他们就像一颗颗的种子，埋在孩子的内心，慢慢地成长、发芽、开花、结果。让他在漫长的一生中不会迷失，无论世事如何，总能留有一份善和理智。

当孩子能说话的时候，父母就可以让孩子看着自己的脸，跟他说说话，哼哼童谣，让他感受到来自父母的爱。不管你说什么，孩子都会觉得非常有趣。到了孩子几个月的时候，他们对万物都是好奇的，这个时候就可以把书摆在他面前了。

他们第一次看到这个漂亮的小盒子一样的东西，不知道那是什么，就会去翻扯，会去撕咬。你要做的不是制止他，而是要像宝贝一样地拿起这个东西，告诉他："这是书。""这是书，是宝宝最好的朋友。""你喜欢书，是不是？"

接下来，你可以不断地让孩子与书本亲密接触，选择那些会发声音的书，撕不烂的布书，有趣的猜猜书，好玩的洞洞书，奇妙的气味书、立体书……各种各样的书比玩具还要好玩，孩子的阅读兴趣就这样产生了。

当孩子到了3岁以后，会对世界产生疑问，总是问你"为什么"，这个时候，书本就像一个宝库，让孩子看到不同的世界。孩子总是想变得强大，变得更好，而阅读恰恰能满足这个成长需求。每个孩子都希望自己知道更多不知道的东西，当他知道了章鱼会变色，知道海参会在逃生时吐掉内脏，知道壁虎在危险时会咬掉自己的尾巴逃命时，他那专注的表情一定会跟看动画片时一个样。

所以，养一个爱阅读的孩子，要趁早！

每个人的世界都很小，每个人的时间都有限。孩子转瞬就长大，与孩子在一起的时间其实并不多。当孩子进入了青春期，父母的影响甚微。所以一定要在孩子10岁前发现孩子的兴趣，帮助他去培养自己的兴趣爱好，养成好的习惯，树立正确的人生观。这样才不会在孩子长大后后悔。

我始终相信，爱阅读的孩子不会变坏。当然，作为父母一定要做点儿改变，那就是给孩子做一个榜样，经常读读书。如果你真的太忙，那也要花点儿心思给孩子准备一些好书，并尽可能在难得的空当里陪孩子一起阅读。因为你的陪伴，会让孩子感受到阅读的趣味，也会让他更加期待这样的时刻。

阅读，决定孩子一生是贫瘠还是丰厚

听说你前一段追了一部叫作《太子妃升职记》的网剧！

听说你刚刚追完《三生三世十里桃花》，最近又被《人民的名义》吸引了。

你一定很累吧！

孩子们也很累呢，上午《猪猪侠》，晚上《熊出没》。哎呀，时间可真不够用！

我相信这是不少父母和孩子的生活写照。但我也相信，在这些父母的心里，更希望孩子能读书而不是看电视，不是吗？

回首我们的童年时光，那时候看的动画片非常简单，电视台也不多，没有卫视，最主要是播放时间有限，限制在每天下午6:00的大风车时间，每天只能看半个小时。那时候，你是怎么熬过来的？

想必很多人那时候是非常疯狂追小人书的，我那会儿就把我们那个小村子里几乎能找到的小人书都看了好几遍，甚至连那些远房亲戚家的书都被我找出来读了。

这些关于阅读的记忆，很多父母都感同身受。很多人的阅读也正是通过这种方式得以启蒙。

关于孩子阅读的重要性，怎么强调都不为过。

从应试的角度看，阅读能够帮助孩子的语文学习打下坚实的基础，培养一种文字逻辑性，积累素材，写出好的文章。甚至阅读能力好，还能帮孩子更好地理解数学题呢！从长远看，阅读将决定孩子这一生的精神世界是贫瘠还是丰厚。而这个跟金钱没有关系，有些人挥金如土，镀金无数，可是穷极一生，到底是没有读几句书，免不得"生时腰缠万两金，临终恨恨万事空"。

而且有研究表明，喜欢阅读的孩子，他的词汇量更加丰富，拥有更好的解决问题的能力，而且情商会比较高。

很多人说，现在的孩子阅读的机会很多，其实我觉得是不多的，甚至还不如以前。这有三个方面的原因。

第一个原因是没有阅读时间。

现在的孩子学习功课负担很重，虽然学校教育部分减负了，但课外负担增加了。每天放学很早，但是孩子们根本无法回家，因为家里没人。只能去托管班，很多孩子回家后做作业的时间要占用1~2个小时。若是还报了培训班，再除去吃饭的时间，孩子基本是没有阅读时间的。而周末就更不用说了，现在给孩子报培训班是一个攀比一个，没有几个孩子的周末是有时间阅读的。

第二个原因是没有阅读的氛围。

我曾做过一个调查，就是看看一个小区里面的阅读区域和麻将馆的比率，结果出乎意料，又在情理之中。

很多家长根本就没有阅读的观念，觉得孩子每天去学校就是读书，还要看闲书干吗呢？实际上，在家里能静心读书的父母也不多，特别是年轻的父母，每天为了家庭工作奔波操劳，坐下来看一集电视或者听一首歌放松一下倒是现实的，哪有心情再去看密密麻麻的文字呢？

第三个原因是不知道读什么书。

我每年都参加北京图书展，来自全国的优秀出版社、图书出版机构上万家，图书的品种更是数不胜数，书店里的书，即使是类型相似的也有一大批。作为普通家长，选什么书、怎么选书，那真是一头雾水。

不过，市场上的书虽多，但是好书并不多。有人会说，什么样的书才是好书，不是孩子喜欢就行了吗？有一位妈妈就跟我说过，她的孩子只要是得到礼物，都会喜欢。给他买，他就高兴，但是自己也不知道买的图书合不合适。

我想绝大多数父母都会有这样的疑问，所以很多父母就采用了老师的推荐书目。老师的建议固然非常值得参考，但是对于选择图书，我认为首先还是要看孩子的阅读发展情况。因为每个孩子的阅读能力不一样，这个能力实际上就是孩子从能认识事物时就开始锻炼的一种知识的接受能力，这需要父母多花心思去观察，去引导，不要觉得一个书单或者老师的几句话就能解决问题。

另外就是要看孩子的兴趣，不要逼着他去读。有些妈妈看到孩子天天只读漫画，就逼着他去读文学书籍，孩子一时肯定接受不了。可以给他一些故事性强的美绘图书，图片多，文字相对较少，孩子更容易接受，通过一段时间的过渡，孩子自然就会爱上读书。

在孩子的世界里，阅读与其他活动，比如做游戏、做手工等等其实没有什么本质区别，很多时候只是因为没有氛围或者父母没有去引导，孩子当然只会玩别的了。对于那些没有阅读兴趣或者说很少阅读的孩子来说，父母应当先找一下原因，是不是因为曾经被几本无趣的书打击了兴趣，就觉得读书太枯燥了。然后试着找到一些能够引起他兴趣的图书，哪怕是玩的书也行，目的是让他摸到书，然后打开它，这样阅读活动自然而然就开始了。

如果孩子还没有入学，却不爱阅读，那么原因多半就出在父母身上，你只需要把自己调整好就行。首先，你要成为一个有趣的人，不能时时用命令的口吻或姿态跟孩子说话，而应当考虑孩子的感受。

怎样成为一个有趣的人呢？你当然要会读书，会讲故事，如果你干巴巴地去念："有一个大灰狼，看见了一只小白兔，然后，就跟了过去，然后就跟小白兔说'小白兔，我要吃你。'"整个过程没有表情，没有情节，没有语调的变化，这样的烂故事，只会让孩子讨厌阅读。

你要想尽办法吸引孩子，当你吸引住了孩子之后，你就可以引导他去思考，去发现阅读的乐趣以及收获的快乐。让他觉得，原来阅读能让我知道那么多有趣的东西，从此就会越来越喜欢阅读。

比如，我每次给小小鱼讲我自己编的霸王龙的冒险故事，总是会想办法弄一些古怪的声音出来，让他躲进"山洞"——被子里，千万不能让霸王龙发现，然后就会弄出霸王龙的脚步声、咆哮声，每次他都非常配合，屡试不爽。

你不要觉得自己这样做很傻，其实孩子们就喜欢你这傻样！你得让孩子明白，读书是一件在他身边，与他息息相关且乐趣无穷的事情，这点非常重要。

　　另外就是你自己也要读，因为这个氛围的营造是关键，刚开始，你就是孩子心灵世界的导师，你的喜怒哀乐通过他的感官，进入他的心灵。如果你不读书，那就很难鼓励孩子去读，因为只有你自己有了这个好习惯，才能给孩子一个好的榜样。

　　让孩子爱上阅读什么时候行动都不晚，回到家后把工作暂时丢下，和孩子一起制定阅读计划，讨论彼此在书中发现的有趣的东西，或者轮流大声给彼此念书，相信没有哪个孩子会不喜欢这样的互动。

　　当孩子看到你的坚持，他也将追随你的脚步……

给孩子留一套房，不如留一屋书

❶

北京大学心理健康教育与咨询中心副主任徐凯文，曾做过一场题为"时代空心病与焦虑经济学"的演讲，他从北大学生的空心问题说起，据说，北大四成新生认为活着没有意义，30％的北大学生竟然厌学。

这些孩子，他们有强烈的孤独感和无意义感，他们从小都是最好的学生，最乖的学生。他们也特别需要得到别人的称许，但是他们却有强烈的自杀意念，不是真想自杀，只是不知道为什么活下去，活着的价值和意义是什么。

仔细看了演讲的全文，我不禁捏了一把冷汗。为什么在这么好的条件下，孩子却变成了这样？

跟朋友谈及，觉得人还是要有梦想才行，特别是孩子，一定要有梦想。而这个梦想不能仅仅止步于高考，也不能仅仅着眼于大学毕业后的工作。

社会通病个人是无力改变的，能改变的只有自己。很多时候，我们会觉得谈梦想过于空洞，甚至有人会把你当傻子。

"现如今谁谈梦想啊，只谈钱。有钱啥都好办，就有梦想了。"

我想，那是把梦想和欲望混淆了。有梦想的人有了钱，可以圆梦；没有梦想的人即使有了钱，也会在欲望中继续沉沦迷失。而事实上，很多人也已经在现实生活中放弃了梦想。

我想起小时候，大家的梦想都是"我长大了要做一个科学家"，可称得上是一个时代的集体理想吧。后来，每个人在自己的人生中挣扎前行，要么是随波逐流，交付命运来安排；要么遵从父母的安排，走着自己不想走却不得不走的路。

为人父母的你，是否跟孩子谈过自己的梦想呢？你将留给他们什么样的财富？你又是否想过，你会给你的孩子什么样的影响？

前段时间，网上有一篇文章《在上海有七套房的家庭，孩子还要努力读书吗？》，作者黄征宇讲了一件事，可以说是当下中国人暴富之后的一个真实写照。

前不久我刚回国一次，当时我在机场用Uber叫了一辆车。在车上，这位司机朋友就和我天南地北地聊了起来。

当谈到国内经济发展和孩子教育现状的时候，他告诉我说，家里之前因为拆迁的原因分到了七套房，所以，他并不苛求孩子能有很好的成绩。他笑呵呵地说：

"我儿子就算考最后一名也没关系，因为家里的钱够我们家花一辈子的了。我现在开Uber也是为了体验新事物，打发时间。"

当听到他这么说的时候，我沉默了很久。沉默的原因是：金钱不是生活的全部，拥有金钱的多少和是否学习进取不应该是非此即彼的关系。

可惜的是，我们身边还真有很多这样的人，自己上班是为了打发时间，家里什么都有，自己还奋斗啥？朋友单位就有一个同事，家里人都在政府机关工作。用他自己的话说，自己运气差，没进事业单位，但是自己运气也好，随便去哪上班，只要好玩就行，反正是打发时间。他说出了这番话一定是带着一股自豪之气，但仔细想想，这真的值得自豪、值得向往吗？

外公年轻时，因为家里穷，所以没读多少书，但是他自己一直渴望读书，边务农边自学，竟然还读透了红楼梦，琴棋书画样样精通，在当地也算得上一位博学者了。老人在世时，卯足最后的劲儿送舅舅去读了大学，虽然两次高考落榜，他还是勉励他"单枪匹马再战"。舅舅后来果然不负众望，出人头地。

外公一生写了很多诗文，但最重要的一句就是"勤俭持家久，读书继世长"，希望我们子孙后代以读书为重。这就是精神的力量，每每想起，都会觉得内心有一种召唤和使命。

一时的富裕不算是富裕，一代的成就也称不上成就。风云际变，世事无常，纵观历史，多少豪强富族都淹没于风烟之中，只有那些一代一代不懈努力的人才会生生不息。

③

所以，给孩子留一套房，不如留一屋书，给孩子一个读书的环境，培养孩子读书的习惯，才是给予他的最好的保障。

有一位单亲妈妈说，自己的孩子8岁，她很担心没有父亲会对孩子造成影响。父亲的缺失固然会带给孩子无法弥补的缺憾，但有一种方法却可以最大程度上减少这种缺憾，那就是书籍。

生活总是充满苦难和残缺的，但是精神力量会帮我们去克服这些困难。或许仅仅是一本好书，一个故事，就可以让孩子的心灵得到滋润。

台湾小鲁文化社社长陈卫平先生在一篇文章中曾提到：

父亲突然撒手人寰，没有留下任何财产，只留下一屋子的书籍。在家徒四壁的困顿下，母亲曾问道于卜，卜者说："您的孩子家产不少呢，而且是父亲留给他的。"

母亲回家后失望地对我说："我看靠命也没个准儿，还是靠自己吧！"

就这样，我们走过了坎坷的岁月，而父亲留下的一屋子书籍，在经历二十余载的变迁后，仍然完整无缺地保存下来。而我，在大学毕业，尝试了各种不同行业的工作之后，终于发现自己最大的乐趣，还是和小时候一样，做一个快乐的爱书人——我要把最精彩、最好看的故事写出来，给所有的小朋友看。

父亲没有给他留下任何财产，只留下一屋子的书籍。但是，正是这一屋子的书，影响着成年后的他，成为一个什么样的人，做着什么样的事。

陈卫平先生曾这样归纳父亲对他的影响：一个是忠厚的个性，另一个就是理想主义，无可救药的理想主义，不为五斗米折腰，不把世俗物质享受看在眼里，只想着做一番有益社会的事业，有种知识分子的使命感。

这世上没有任何量尺可以测量出父母对孩子的影响到底有多么深远。过于精细的计算，过于功利地强调学习的目的性，都是非常可怕的。对孩子来说，他们需要的不是你留多少钱，而是他们最需要你的时候，你在哪里，在他们最需要你引导的时候，你做了什么，在他们的内心，你是一个什么样的人。

身为父母，在这个浮夸和炒作横行的时代，更需坚守本心。做一个有梦想的、有趣的父母，给孩子留下丰厚的精神财富，这比什么财富都更保险。

绘本到底该怎么读

很多父母都知道，孩子应当多读绘本，因为好的绘本每张图都会说话，孩子可以借由直觉进入绘本的世界，自然流畅地理解故事。

对于学前儿童来说，绘本阅读通常要由父母来读，但是相比于其他图书，读绘本还有一些特别需要注意的地方，方法正确，才能让孩子爱上阅读，并理解故事，进而影响他小小的心灵。让绘本的种子在孩子的生命中发芽、成长。

不过，因为情况不同，阅读绘本的方式也会有所不同，并没有一定之规。一直以来，有不少父母跟我询问读绘本的方法，这些问题也是大多数父母关心的，这里我逐条解答。

绘本一定要睡前讲吗？

我觉得给孩子讲绘本的时间并没有标准要求，完全可以根据家庭的实际情况来设定，因为大多数父母白天上班，所以，睡前成了给孩子讲故事的黄金时间。

因为在睡前的那段时间，孩子一般都乖巧得像只小绵羊，就是为了能听到好听的故事。因此，父母大可利用这个机会，通过讲故事或者讲白天发生的事情，让孩子明白事理。

同时，睡前讲故事能加深亲子间的交流与沟通，从而使孩子产生一种安全感，这对儿童感情的发展非常重要。一般来说，绘本故事的结尾，都走向"晚安"，或者休息、回家这样的意境，所以，在睡前读绘本，是多数父母的选择。

另外有很多妈妈说孩子睡前听故事太兴奋，根本睡不着，而且要求没完没了地接着讲，自己嗓子都讲干了，他还是炯炯有神地盯着你，大喊再来一个。这个怎么办？

我的建议是，在讲故事前约定今天讲多少故事或者讲多长时间。另外不要选让孩子太兴奋的题材。

睡前故事每天都需要吗？

如果孩子非常乐意在睡前听故事，不妨将这个作为一个固定的亲子时间，让孩子通过语言的交流，感受到来自父母的温暖亲情。

让阅读成为一种习惯，就好像我们每天需要吃饭、睡觉一样。这样每天坚持，孩子带着满足感和安全感，每天在充满感情的声音中入睡，爱意会留存心底并伴随着他成长，这份温暖的记忆会带给他爱的信心和力量。

另一方面，也可以通过故事中的形象启发和诱导孩子，帮助孩子改正缺点，达到正面教育的目的。

绘本故事一定要由妈妈来讲吗?

给孩子读绘本绝不是妈妈的"专有权利"，如果爸爸擅长讲故事，完全可以作为主力，父母交替读，可以让孩子感受到全方位的爱。

很多妈妈读绘本时通常会讲得比较具体、详细，注重渲染氛围；而爸爸们通常喜欢加一些搞怪元素进去，或者玩角色扮演，让孩子觉得非常好玩，天马行空的想象力让孩子们非常喜欢。父母不同的讲读风格是不同的感情传达，多元的体验可以丰富孩子的感受。

这里要强调一点，一定不要用电子故事机给孩子讲故事，再好的电子智能保姆都不如父母的陪伴和朗读。除非你真的没有办法给孩子讲绘本故事，比如孩子不在身边，那样故事机才是相对而言比较好的选择。

而且大多数孩子也是不喜欢故事机的，他们更喜欢有感情的家人讲读。特别是在睡前，孩子更希望你能陪陪他，需要你关注他，跟他讲讲故事、跟他分享一些你的事，会让他觉得安全。

为什么同一本绘本要求不断地重复讲?

很多时候，我们会发现，孩子喜欢重复地读那几本绘本，或者喜欢重复地听某一个故事，即使他都会倒背如流了，还是会缠着你给他讲。

很多父母就觉得这太无聊，重复确实会让大人觉得单调无聊。很多父母无法理解孩子为什么喜欢这样做，觉得孩子太任性了。

其实这是一个误区。孩子重复读，重复听，是因为他们每次接受的信息有限，或者他们觉得这个故事太有趣了。就好像我们喜欢某一种食物，喜欢再吃一次，多吃几次，都是一样的道理。

有时候是因为对这本书他还有不清楚的地方，所以需要一遍又一遍地挖掘，你会发现他会注意到一些以前从没留意过的细节，甚至你也不曾想到的问题。孩子在重复听故事的过程中，会获得一种身心的满足。

重复，可以说是孩子们的一种学习方式。心理学家认为，喜欢重复做一件事情是年幼儿童共同的心理特点，对孩子的发展至关重要。年幼儿童的认知能力有限，因此只有在不断重复的过程中才能不断发现新的东西，我们认为"没意思"的重复对孩子来说并不是简单的重复，而是每次都有新的感受和体会。

你完全可以在理解并满足孩子的时候，跟他商量，或者告诉孩子，还有一本有趣的书或者故事在等你去发现呦！好奇心总是会让孩子尝试新的东西。

绘本到底是如何帮助孩子的？

这个问题我们以一套《情绪管理绘本》为例来讲。

仔细回想一下，你的孩子有没有以下几种情绪呢？

有时候会发牢骚。

自己睡觉害怕，闹觉。

嫉妒别的小伙伴。

遇到事情心情焦虑。

愤怒、生气的时候不好哄。

害羞，有时候想把自己藏起来。

在这套绘本中，自然纯朴的恐龙村落里有六个个性十足的小恐龙，就同样有着这样一些"情绪病"：很胆小、爱害羞、总生气、脾气大、多焦虑、易嫉妒。在绘本中，这些情绪都被表现了出来，孩子们很容易看到自己的影子。

绘本中的恐龙爸妈们潜移默化地进行梳导，小恐龙们渐渐解决了各自的问题，快乐地成长起来，它们是怎么做到的呢？

在给小小鱼读的时候，我会跟他说他最近的一些情绪问题，比如他在外面遇到了小伙伴，为什么会害羞？为什么因为自己没说清楚，妈妈没理解正确就发火？

如果平常跟他讲这些，他是不会听的，因为我们讲的那些孩子听不懂，太抽象了。但是通过图画书来讲解，他很容易就能理解。所以，他还会安慰生气的爸爸说："不要生气，不要生气！控制脾气！"

当孩子这样说的时候，我知道这本绘本已经成功地影响了他，让他从故事中认识了自己。

再贵的礼物，都不如给孩子一个阅读空间

《中国诗词大会》和《朗读者》这两档节目，一直热度不减，说明越来越多的中国人开始关注我们自己的文化，书香气越来越被重视和喜爱。而书香气的背后，是多少阅读时光的沉淀。我很希望我们的孩子们，能感受到文字之美，感受到阅读之美，使阅读成为一种陪伴终身的好习惯。

我曾发起了一次阅读空间征集活动。希望爸爸妈妈们将孩子的阅读空间分享出来。有100多个家庭参与了此次的征集活动。

阅读空间，我把它理解为"阅读的地方、阅读的人和阅读的书"，三者缺一不可。给我发来征集照片的家庭太多，每一个家庭的分享我都认真看了。我花了半天的时间来整理，又熬夜制作出来分享给大家。限于篇幅，这里我只能分享很少的一部分作品。

我为那些条件简陋却重视孩子阅读的家庭感动。我相信，重视孩子阅读，坚持给孩子读书的父母，将会给孩子的童年带来一笔丰厚的精神财富。

我也为那些领略阅读之美，让阳光和书本交相辉映的家庭感动。因为阅读给我们带来了心灵上的安静和享受。愿孩子们能拥有。

我更为那些认真阅读的孩子们感动。那份安静和专注，是天底下最美的风景！

微信：草摩小熊

宝宝马上3周岁了。房间的书柜是我爸爸自己做的，以前放着我的书，以后宝宝的书应该会占据更多地方，现在他每天都要我给他讲《小猪佩奇》。

微信：沐辰

这是我家的两个小书架。大点的是年后新给孩子添置的，他高兴坏了。这个书架是孩子和爸爸一起动手组装的，特别有成就感。我们也是租房住，但是这并不影响他喜欢看书，和我给他买书、读书。

旁边这个稍微小点的书架，看起来可能比较丑，但却是孩子爸爸的得意之作，

因为这是他用婴儿床改造的，整整忙活了一天半。这个小书架伴随我们快一年了，非常实用！

这个小角落平时就是孩子读书玩耍的地方，虽然不大，但是对他来说却是块宝地，经常待在这里不愿意出门去。

孩子今年3岁零3个月，从8个多月开始读书，一直都非常喜欢。

微信：monsteroo

男孩，5岁，非常精致有感觉的一个阅读空间！

微信：kelly

宝宝们两岁半了，希望他们从小养成爱读书的好习惯！

微信：Rachel高

孩子4岁，已经有不少书了。他很喜欢这个阅读角。

微信：曾经来过

这是家里卧室的窗台，以前小书架里放的是我常读的书，现在孩子快8个月了，天气好的时候经常坐在窗台上晒太阳，会拿着书玩。慢慢地，孩子的书就放满了小书架，我的书就被挤到书房或另一角了。

以后，孩子的书会越来越多，也会有自己独立的书架了。

微信：**酒窝儿小子他麻麻**

今天参加这个活动才发现，我给孩子布置了这么多的阅读空间，走到哪里都能玩起来、学起来，希望我们共同进步。

微信：**静**

芃芃，男宝，31个月。

宝宝从几个月起就喜欢上看书了，越来越喜欢。

微信：13821072

去年刚搬家，家里的书柜从1个增加到3个，其中孩子最喜欢的就是阳台的阅读角，每天都在里面找书让我给他读。

上学之后，很多时候9点多才能写完作业，然后去找书，我好多次都想和他说，今天太晚了，要不别读了，但看他兴奋的样子，还是不忍心。后来，有时实在太晚了，我就

让他先别写作业了，我们先讲故事，但昨天还是读着读着他就睡着了。

上学之后，户外活动、写作业、读书、兴趣课，真的很难兼顾……

微信：智慧糖屋

孩子3周岁，床头就是阅读空间。

微信名：烟雨江南

仪宝，6岁。

小女孩的阅读空间，当然少不了有
很多的娃娃陪着！

有阅读相伴，孩子的童年将五彩斑斓，孩子的思想将不断超越。

我始终相信阅读的力量，我也相信更多的父母会加入阅读的行列。

一个小小的阅读空间，一段真情相伴的阅读时光，就是我们给予孩子的最好的礼物！